중급 **1**

익힘책

법무부 사회통합프로그램(KIIP)

한국어와 한국 문화

국립국어원 기획
이미혜 외 집필

Hawoo Publishing Inc.

발간사

　　2020년 9월호 법무부 출입국·외국인 통계월보에 따르면 국내 체류 외국인은 약 210만 명으로 2010년보다 2배 가까이 증가하였습니다. 그런데 주목할 점은 체류 외국인이 양적으로 증가하였을 뿐만 아니라 이들의 유형이 결혼 이민자를 비롯하여 근로자, 유학생, 중도 입국 자녀 등으로 점차 다양해졌다는 것입니다. 이러한 변화는 다양한 언어와 문화적 배경을 가진 구성원과의 '공존'의 중요성을 한국 사회에 알리는 동시에 '소통'의 과제를 던져 준다고 생각합니다.

　　이에 국립국어원에서는 한국에 온 외국인들이 체계적으로 한국어를 배워 한국 사회의 일원으로 능동적으로 생활하고, 사회 구성원 간의 의사소통이 더욱 원활할 수 있도록 지원하고 있습니다. 그리고 이를 위한 교육 내용을 연구하고, 한국어 교재를 발간하고 있습니다. 이번에 발간되는 ≪사회통합프로그램(KIIP) 한국어와 한국문화≫는 이러한 노력의 결실 중 하나라 할 수 있습니다.

　　이번 교재 개발에는 한국어 교육 및 사회·문화 교육 전문가가 집필자와 검토자로 참여하여 한국어와 한국 문화의 전문적 내용을 체계적이면서도 친근하게 구성하였습니다. 특히 '사회통합프로그램'을 총괄하는 법무부의 협조로 현장 요구 조사와 시범 적용을 실시하여 교사와 학습자의 의견을 폭넓게 반영하기 위해 노력하였습니다. 그리고 한국어 능력 향상뿐만 아니라 문화 다양성을 고려하여 내용을 구성하였으며, 풍부한 보조 자료를 제공함으로써 교사와 학습자가 손쉽게 활용할 수 있도록 하였습니다.

　　본 교재는 기초편 교재 1권, 초급 교재 2권, 중급 교재 2권의 5권으로 구성되며, 이 구성에 따라 학습자용 익힘책과 교사용 지도서가 본 교재와 함께 출간됩니다. 이와 함께 학습자용 유형별 보조 자료와 수업용 보조 자료를 별도로 제작하여 현장에서 손쉽게 사용할 수 있도록 제공하였습니다.

　　아무쪼록 이 교재가 사회통합프로그램에 참여하는 학습자들에게 한국어를 체계적이고 충실하게 익힐 수 있는 유용한 길잡이로 널리 활용되기를 바랍니다. 그래서 이 교재를 사용하는 이민자들이 한국 사회의 주체적인 구성원으로서 안정적인 생활을 영위하는 데 도움이 되기를 희망합니다.

　　끝으로 이 교재의 개발을 위해 최선의 노력을 기울여 주신 교재 개발진과 출판사 관계자 분들께 깊은 감사의 말씀을 드립니다.

2020년 12월

국립국어원장 소강춘

　　국내 체류 외국인의 수가 100만 명을 넘은 2007년을 기점으로 한국 사회는 다문화 사회의 도래를 대비하기 위해 제도적 준비를 해 왔습니다. 그중 이민 초기 정착 단계의 필수적인 지원 사항인 한국어 학습은 여러 부처에서 다양한 프로그램으로 운영되었는데, 2020년부터 법무부가 주관하는 사회통합프로그램으로 표준화되었습니다. 사회통합프로그램은 국내 체류 이민자를 대상으로 하는 '한국어와 한국문화', '한국사회이해' 교육 프로그램으로, 결혼 이민자와 근로자, 유학생 등 전문 인력, 중도 입국 자녀 등이 참여합니다. 2009년에 처음 시행된 이후 점점 성장하여, 현재 약 350개의 운영 기관에서 약 6만 명의 이민자들이 교육에 참여하고 있습니다.

　　이민자 대상의 한국어 교육에서 사회통합프로그램의 중요성이 커지면서 교육의 체계화와 효율화, 변화하는 사회 양상의 반영 등을 위해 교재 개발 연구가 진행되었고, 그 결과물이 ≪사회통합프로그램(KIIP) 한국어와 한국문화≫ 교재입니다. 이 교재의 특징은 다음과 같습니다.

　　첫째, 교재와 익힘책, 교사용 지도서, 기타 보조 자료로 구성되어 있습니다. 교실 수업에서 사용할 교재 이외에 교수·학습 효율성을 높이기 위해 학습 자료 일체를 개발하였습니다.

　　둘째, 교재는 사회통합프로그램 단계별 100시간 수업에 맞춰 구성했는데 이민자들이 한국 사회에 정착하는 과정에서 필요한 한국어와 한국문화 내용을 선정하여 살아있는 언어문화 교육이 되도록 했습니다. 특히 변화하는 한국 사회의 모습과 특징을 교재 전체에 다양한 소재로 사용했을 뿐만 아니라, 다양한 문화 주제를 통해 이민자들이 한국 사회를 이해하고 적응하는 데 도움을 주고자 했습니다. 그리고 결혼 이민자, 근로자, 유학생 등 전문 인력, 중도 입국 자녀들을 등장인물로 하여 한국 사람들과 함께 생각과 정보를 나누고, 공감하며 생활하는 모습을 담았습니다.

　　셋째, 익힘책은 이민자들이 자신의 학습 속도와 능력에 맞게 학습 내용을 복습하고 보완할 수 있도록 구성하였습니다. 교사들도 교실 상황에 맞춰서 융통성 있게 활용할 수 있을 것입니다.

　　넷째, 교사용 지도서와 기타 보조 자료는 교사들이 수업의 핵심 내용을 명료하게 파악하고 운용하도록 안내해 줄 것입니다. 또한 교사들의 필수적인 수업 준비 시간을 단축해 주는 대신에 교실 상황에 맞는 수업 설계에 시간을 투자할 수 있도록 도와줄 것입니다.

　　이민자용 한국어 교재는 단지 의사소통 능력을 길러 주는 역할만이 아니라 우리 사회의 진정한 '사회통합'을 이끄는 교재여야 합니다. 이 교재를 통해 이민자들의 사회통합프로그램 참여를 확대하고 교수·학습의 효율성을 높이기를 기대합니다. 또한 이민자의 사회 적응을 돕고 진정한 사회통합으로 나아가는 데 일조하기를 기대해 봅니다.

　　마지막으로 우리 사회 이민자 대상 한국어 교육을 위해 의미 있는 교재 개발 사업을 기획하고 지원해 주신 국립국어원 관계자 여러분께 감사드리며, 법무부 이민통합과 관계자분들께도 감사드립니다. 그리고 다양하고 새로운 시도를 통해 멋진 교재로 완성해 주신 하우 출판사 관계자분들께도 진심으로 감사드립니다. 원고를 고치고 다듬느라 오랫동안 소중한 일상을 돌보지 못한 연구진들께도 머리 숙여 감사의 마음을 전합니다.

2020년 12월
저자 대표 이미혜

일러두기

어휘

단원의 어휘 학습을 확인하고, 문장이나
대화 속에서 어휘 사용 능력을 기르도록
다양한 연습을 제시하였다.

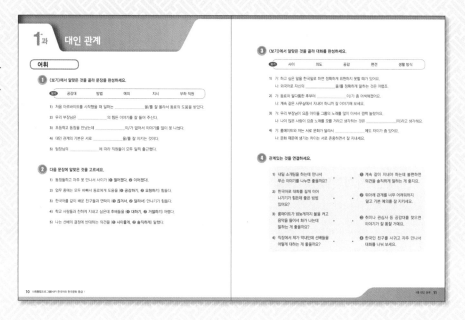

문법

단순한 형태 연습에서부터 문장, 대화 속에서 문법 사용 능력을 기르는 유의미한
연습까지 제시하였다. 교실 수업에서 문법 학습 시에 일부 활용할 것을 염두에 두고
구성하였다.

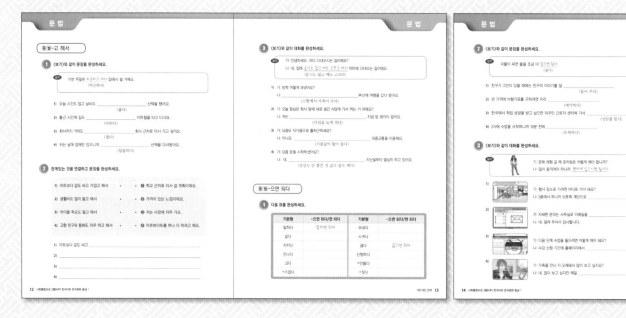

말하기와 듣기

- '말하기'는 대화문을 듣고 완성한 후에 반복해서 읽는
  활동을 통해, 말하기 능력을 기르도록 하였다.

- '듣기'는 다양한 담화를 듣고 전체 내용, 세부 내용
  등을 파악하는 활동으로, 교재의 듣기 활동과 유사한
  유형으로 제시하였다.

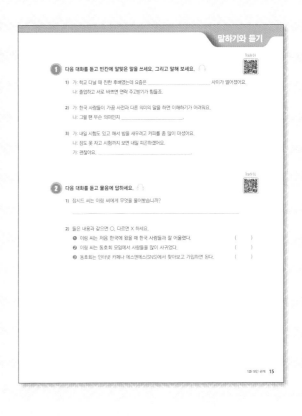

읽기와 쓰기

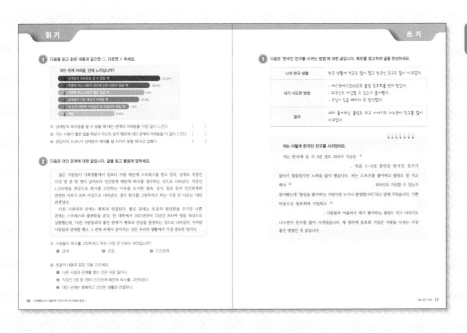

- '읽기'는 단원 주제와 관련된 다양한
  자료를 읽고 이해하는 활동으로,
  교재의 읽기 활동과 유사한 유형으로
  제시하였다.

- '쓰기'는 통제된 쓰기, 유도된 쓰기로
  구성하여 교사 도움 없이도 자신의
  글을 모범 글과 비교하고 검토하도록
  하였다.

차례

교재 구성표

단원	단원명/주제	어휘	문법
1	대인 관계	대인 관계	동형-고 해서 동형-으면 되다
2	성격	성격	형-어지다 동형-는 대신(에)
3	지역 복지 서비스	지역 복지 서비스	동형-는지 알다/모르다 동-다가
4	교환과 환불	교환, 환불	동-을 만하다 동형-어 가지고
5	소비와 절약	소비, 절약 방법	명이나/밖에 동형-는다고 하다
6	주거 환경	주거 지역의 지리적 환경	피동 동-자고 하다
7	문화생활	공연과 전시회	동-으라고 하다, 동형-냐고 하다 명만큼
8	음식과 요리	양념과 맛, 요리 방법	사동① 사동②
복습 1 (1~8과)			
9	고장과 수리	고장, 수리	동형-어서 그런지 동-나요?, 형-은가요?
10	취업	취업	동-기 위해서 동-어 놓다
11	부동산	집 구하기, 계약	동형-는 데다가 동형-는다
12	전통 명절	명절 풍습	동형-어도 동-게 되다
13	직장 생활	직장 생활	동-게 하다 동-어 가다
14	인터넷과 스마트폰	인터넷과 스마트폰	동형-잖아요 동형-어야
15	고민과 상담	인간관계, 갈등	동-으려던 참이다 동-자마자
16	기후와 날씨	날씨, 날씨에 따른 몸의 변화	동형-을 텐데 동-어 있다
복습 2 (9~16과)			

활동	발음	문화와 정보
대인 관계 고민과 조언 말하기 대인 관계에 대해 조언하는 글 쓰기	유음의 비음화	한국인의 친목 활동
성격에 대해 말하기 성격을 소개하는 글 쓰기	격음화	성격과 직업
복지 시설 이용 방법 말하기 지역 복지 서비스 소개하기	이중 모음 발음	다문화이주민플러스센터
교환, 환불하기 교환, 환불에 대한 주의 사항 읽기	연음	소비자 상담 센터
절약에 대해 조언하기 생활비 절약 방법 소개하는 글 쓰기	경음화	적금 가입하기
동네 주변 시설 소개하기 지금 살고 있는 동네와 고향 동네 비교하기	격음화	과거와 현대의 명당
공연 감상 소감 말하기 공연 감상평 쓰기	경음화	공연 정보를 찾는 방법
요리 방법 이야기하기 고향 음식 요리 방법 소개하기	연음	식품의 유통 기한
서비스 센터에 전화 문의하기 집 수리 요청하는 글 쓰기	한자어 경음화	전자 제품 보증 기간
구직 활동에 대해 조언하기 이력서 작성하기	경음화	급여와 세금
부동산에서 집 구하기 살고 싶은 집에 대해 쓰기	비음화	공유 주택(셰어 하우스)
명절 풍습 이야기하기 한국과 고향의 명절 비교하기	유음화	강릉 단오제
직장 생활에 대해 조언 구하기 직장 생활 잘하는 방법 쓰기	'ㄴ' 첨가	워라밸(work-life balance)
스마트폰 활용법 말하기 인터넷과 스마트폰의 활용법 쓰기	'ㅎ' 약화	휴대폰 개통 방법
고민에 대한 조언 구하기 상담 신청서 쓰기	경음화	이민자 상담 센터
날씨에 맞게 계획 변경하기 날씨 관련 정보 제공하기	겹받침 발음	한국의 절기

1과 대인 관계

어휘

1 〈보기〉에서 알맞은 것을 골라 문장을 완성하세요.

| 보기 | 공감대 | 방법 | 예의 | 지시 | 부하 직원 |

1) 처음 아르바이트를 시작했을 때 일하는 _____을/를 잘 몰라서 동료의 도움을 받았다.

2) 우리 부장님은 _____의 힘든 이야기를 잘 들어 주신다.

3) 초등학교 동창을 만났는데 _____이/가 없어서 이야기를 많이 못 나눴다.

4) 대인 관계의 기본은 서로 _____을/를 잘 지키는 것이다.

5) 팀장님의 _____에 따라 직원들이 모두 일찍 출근했다.

2 다음 문장에 알맞은 것을 고르세요.

1) 동창들하고 자주 못 만나서 사이가 (❶ 멀어졌다, ❷ 이어졌다).

2) 업무 중에는 모두 바빠서 동료에게 도움을 (❶ 공감하기, ❷ 요청하기) 힘들다.

3) 한국어를 같이 배운 친구들과 연락이 (❶ 끊겨서, ❷ 달라서) 만나기가 힘들다.

4) 학교 사람들과 친하게 지내고 싶은데 후배들을 (❶ 대하기, ❷ 거절하기) 어렵다.

5) 나는 선배의 결정에 반대하는 의견을 (❶ 사이좋게, ❷ 솔직하게) 말했다.

3 〈보기〉에서 알맞은 것을 골라 대화를 완성하세요.

> 보기   사이   의도   공감   편견   생활 방식

1) 가: 하고 싶은 말을 한국말로 하면 정확하게 표현하지 못할 때가 있어요.

   나: 외국어로 자신의 _____을/를 정확하게 말하는 것은 어렵죠.

2) 가: 동료와 말다툼한 후부터 _____이/가 좀 어색해졌어요.

   나: 계속 같은 사무실에서 지내야 하니까 잘 이야기해 보세요.

3) 가: 우리 부장님이 요즘 아이돌 그룹의 노래를 많이 아셔서 깜짝 놀랐어요.

   나: 나이 많은 사람이 요즘 노래를 모를 거라고 생각하는 것은 _____(이)라고 생각해요.

4) 가: 룸메이트와 저는 서로 문화가 달라서 _____에도 차이가 좀 있어요.

   나: 문화 때문에 생기는 차이는 서로 존중하면서 잘 지내세요.

4 관계있는 것을 연결하세요.

1) 내일 소개팅을 하는데 만나서
   무슨 이야기를 나누면 좋을까요?   •

❶ 계속 같이 지내야 하는데 불편하면
   의견을 솔직하게 말하는 게 좋지요.

2) 한국어로 대화를 길게 이어
   나가기가 힘든데 좋은 방법
   있어요?   •

❷ 위아래 관계를 너무 어려워하지
   말고 기본 예의를 잘 지키세요.

3) 룸메이트가 밤늦게까지 불을 켜고
   음악을 들어서 화가 나는데
   말하는 게 좋을까요?   •

❸ 취미나 관심사 등 공감대를 찾으면
   이야기가 잘 통할 거예요.

4) 직장에서 제가 막내인데 선배들을
   어떻게 대하는 게 좋을까요?   •

❹ 한국인 친구를 사귀고 자주 만나서
   대화를 나눠 보세요.

동 형 -고 해서

1 〈보기〉와 같이 문장을 완성하세요.

> 보기
> 이번 주말은 <u>피곤하고 해서</u> 집에서 쉴 거예요.
> (피곤하다)

1) 오늘 시간도 많고 날씨도 _____ 산책을 했어요.
(좋다)

2) 출근 시간에 길도 _____ 지하철을 타고 다녀요.
(막히다)

3) 회사까지 거리도 _____ 회사 근처로 이사 가고 싶어요.
(멀다)

4) 쉬는 날에 집에만 있으니까 _____ 산책을 다녀왔어요.
(답답하다)

2 관계있는 것을 연결하고 문장을 완성하세요.

1) 마트보다 값도 싸고 가깝고 해서 • • ❶ 학교 근처로 이사 갈 계획이에요.

2) 생활비도 많이 들고 해서 • • ❷ 가까이 있는 느낌이에요.

3) 아이들 학교도 멀고 해서 • • ❸ 저는 시장에 자주 가요.

4) 고향 친구와 통화도 자주 하고 해서 • • ❹ 아르바이트를 하나 더 하려고 해요.

1) 마트보다 값도 싸고 _____.

2) _____.

3) _____.

4) _____.

3 〈보기〉와 같이 대화를 완성하세요.

> **보기** 가: 안녕하세요. 어디 다녀오시는 길이에요?
> 나: 네, 집에 <u>음식도 없고 배도 고프고 해서</u> 마트에 다녀오는 길이에요.
> (음식도 없고 배도 고프다)

1) 가: 방학 어떻게 보냈어요?

   나: _____ 부산에 여행을 갔다 왔어요.
   　　　　(고향에서 가족이 오다)

2) 가: 오늘 점심은 회사 앞에 새로 생긴 식당에 가서 먹는 거 어때요?

   나: 저는 _____ 지금 밥 생각이 없어요.
   　　　　　(아침을 늦게 먹다)

3) 가: 요즘도 자가용으로 출퇴근하세요?

   나: 아니요. _____ 대중교통을 이용해요.
   　　　　　(기름값이 많이 들다)

4) 가: 요즘 운동 시작하셨어요?

   나: 네, _____ 지난달부터 열심히 하고 있어요.
   　　　(건강도 안 좋은 것 같고 살도 찌다)

동 형 -으면 되다

1 다음 표를 완성하세요.

기본형	-으면 되다/면 되다	기본형	-으면 되다/면 되다
말하다	말하면 되다	보내다	
같다		사귀다	
지키다		끊다	끊으면 되다
만나다		신청하다	
크다		만들다	
★가깝다		★짓다	

2 〈보기〉와 같이 문장을 완성하세요.

> 보기
>
> 국물이 짜면 물을 조금 더 <u>넣으면 된다</u>.
> (넣다)

1) 친구가 고민이 있을 때에는 친구의 이야기를 잘 _____.
   (들어 주다)

2) 싼 가격에 비행기표를 구하려면 미리 _____.
   (예약하다)

3) 한국에서 취업 상담을 받고 싶으면 외국인 근로자 센터에 가서 _____.
   (상담을 받다)

4) 2시에 수업을 시작하니까 10분 전에 _____.
   (도착하다)

3 〈보기〉와 같이 대화를 완성하세요.

> 보기
>
> 가: 문화 체험 갈 때 옷차림은 어떻게 해야 합니까?
> 나: 많이 움직여야 하니까 <u>편하게 입으시면 됩니다</u>.

1)
   가: 행사 장소로 가려면 어디로 가야 돼요?
   나: 2층에서 하니까 오른쪽 계단으로 _____.

2)
   가: 자세한 문의는 사무실로 이메일을 _____.
   나: 네. 알려 주셔서 감사합니다.

3)
   가: 다음 단계 수업을 들으려면 어떻게 해야 돼요?
   나: 수강 신청 기간에 홈페이지에서 _____.

4)
   가: 가족들 만난 지 오래돼서 많이 보고 싶지요?
   나: 네, 많이 보고 싶지만 매일 _____.

Track 01

1 다음 대화를 듣고 빈칸에 알맞은 말을 쓰세요. 그리고 말해 보세요. 🎧

1) 가: 학교 다닐 때 친한 후배였는데 요즘은 _____ 사이가 멀어졌어요.

나: 졸업하고 서로 바쁘면 연락 주고받기가 힘들죠.

2) 가: 한국 사람들이 가끔 사전과 다른 의미의 말을 하면 이해하기가 어려워요.

나: 그럴 땐 무슨 의미인지 _____.

3) 가: 내일 시험도 있고 해서 밤을 새우려고 커피를 좀 많이 마셨어요.

나: 잠도 못 자고 시험까지 보면 내일 피곤하겠어요.

가: 괜찮아요. _____.

Track 02

2 다음 대화를 듣고 물음에 답하세요. 🎧

1) 잠시드 씨는 이링 씨에게 무엇을 물어봤습니까?

_____

2) 들은 내용과 같으면 ○, 다르면 X 하세요.

❶ 이링 씨는 처음 한국에 왔을 때 한국 사람들과 잘 어울렸다.　　　　　　(　　)

❷ 이링 씨는 동호회 모임에서 사람들을 많이 사귀었다.　　　　　　　　(　　)

❸ 동호회는 인터넷 카페나 에스엔에스(SNS)에서 찾아보고 가입하면 된다.　(　　)

1 다음을 읽고 읽은 내용과 같으면 ○, 다르면 × 하세요.

대인 관계 어려움, 언제 느끼십니까?

상대방의 속마음을 알 수 없을 때	24.2%
주변에 아는 사람이 많은데 친한 사람이 없을 때	20.4%
주변에 아는 사람이 별로 없을 때	19%
상대방이 기본 예의가 부족할 때	15.8%
내 성격 때문에 사람들과 잘 어울리지 못할 때	12%
기타	8.6%

1) 상대방의 속마음을 알 수 없을 때 대인 관계의 어려움을 가장 많이 느낀다.　　　　（　　　）

2) 아는 사람이 별로 없을 때보다 자신의 성격 때문에 대인 관계의 어려움을 더 많이 느낀다.　（　　　）

3) 응답자의 15.8%가 '상대방이 예의를 잘 지키지 못할 때'라고 답했다.　　　　（　　　）

2 다음은 대인 관계에 대한 글입니다. 글을 읽고 물음에 답하세요.

　　많은 사람들이 사회생활에서 일보다 사람 때문에 스트레스를 받고 있다. 실제로 직장인 다섯 명 중 한 명이 급여보다 인간관계 때문에 퇴사를 생각하는 것으로 나타났다. 직장인 1,206명을 대상으로 퇴사를 고민하는 이유를 조사한 결과, 상사, 동료 등의 인간관계와 관련된 이유가 20% 이상으로 나타났다. 결국 회사를 그만두려고 하는 가장 큰 이유는 '대인 관계'였다.

　　다른 사람과의 관계는 행복과 연결된다. 좋은 관계는 웃음과 편안함을 주지만 나쁜 관계는 스트레스와 불편함을 준다. 한 대학에서 1937년부터 75년간 800여 명을 대상으로 실험했는데, '다른 사람들과의 좋은 관계'가 행복과 건강을 결정하는 것으로 나타났다. 이처럼 사람들과 관계를 맺고 그 관계 속에서 살아가는 것은 우리의 생활에서 가장 중요한 일이다.

1) 사람들이 회사를 그만두려고 하는 가장 큰 이유는 무엇입니까?

❶ 급여　　　　　　　　❷ 건강　　　　　　　　❸ 인간관계

2) 윗글의 내용과 같은 것을 고르세요.

❶ 다른 사람과 관계를 맺는 것은 쉬운 일이다.

❷ 직장인 5명 중 1명이 인간관계 때문에 회사를 그만두었다.

❸ 대인 관계는 행복하고 건강한 생활과 연결된다.

1 다음은 '한국인 친구를 사귀는 방법'에 대한 글입니다. 메모를 참고하여 글을 완성하세요.

나의 한국 생활	한국 생활에 적응도 많이 했고 한국인 친구도 많이 사귀었다.
내가 시도한 방법	- 에스엔에스(SNS)로 볼링 동호회를 먼저 찾았다. - 외국인도 가입할 수 있는지 물어봤다. - 모임이 있을 때마다 꼭 참석했다.
결과	내가 좋아하는 볼링도 치고 이야기도 나누면서 친구를 많이 사귀었다.

저는 이렇게 한국인 친구를 사귀었어요.

저는 한국에 온 지 4년 정도 되어서 지금은 1)

. 처음 1~2년 동안은 한국인 친구가

없어서 힘들었지만 노력을 많이 했습니다. 저는 스포츠를 좋아하고 볼링도 잘 치고

해서 2)

. 외국인도 가입할 수 있는지

물어봤는데 "볼링을 좋아하는 사람이면 누구나 환영합니다."라고 말해 주었습니다. 기쁜

마음으로 동호회에 가입하고 3)

. 사람들과 어울려서 제가 좋아하는 볼링도 치고 이야기도

나누면서 친구를 많이 사귀었습니다. 제 생각에 동호회 가입은 사람을 사귀는 가장

좋은 방법인 것 같습니다.

2과 성격

어휘

1 〈보기〉에서 알맞은 것을 골라 문장을 완성하세요.

> **보기**   적극적이다   무뚝뚝하다   느긋하다   성격이 급하다   내성적이다

1) 나는 _____아서/어서/해서 기다리는 일이 좀 힘들다.

2) 나는 너무 _____아서/어서/해서 오랜 친구한테도 내 속마음을 이야기하지 않을 때가 있다.

3) 내 동생은 성격이 _____아서/어서/해서 어떤 일을 할 때 미리 하는 경우가 없다.

4) 내 친구는 말도 별로 없고 _____아서/어서/해서 가끔 화난 사람처럼 보인다.

5) 나는 _____은/ㄴ 성격이어서 누가 시키지 않은 일을 스스로 먼저 하는 편이다.

2 다음 문장에 알맞은 것을 고르세요.

1) 아르바이트생을 구하고 있는데 (❶ 책임감, ❷ 고집) 있는 사람이 왔으면 좋겠다.

2) 그 사람은 (❶ 유머 감각, ❷ 호기심)이 있어서 다른 사람들에게 재미있는 말을 많이 한다.

3) 우리 아이는 (❶ 덜렁거리는, ❷ 보수적인) 성격 때문에 물건을 잘 잃어버린다.

4) 반 친구들이 서로 친해져서 조용한 교실 분위기가 (❶ 급해졌다, ❷ 활발해졌다).

5) 내 동생은 (❶ 정이 많아서, ❷ 소극적이어서) 어려운 일이 있는 사람을 잘 도와준다.

3 관계있는 것을 연결하세요.

1) 저는 마음속으로 생각하는 것들을 겉으로 잘 표현하지 않아요.　•

2) 제 남편은 아이와 대화도 많이 하고 잘 놀아 줘요.　•

3) 버스에 또 우산을 놓고 내렸어요. 이번 달에만 벌써 두 개나 잃어버렸네요.　•

4) 제 룸메이트는 너무 느려서 옆에서 보면 가끔 답답해요.　•

❶ 왜 그렇게 덜렁거려요?

❷ 저는 외향적인 편인데 저하고 반대네요.

❸ 룸메이트가 성격이 느긋한 사람인 것 같아요.

❹ 저도 그렇게 다정한 아빠가 되고 싶어요.

4 〈보기〉에서 알맞은 것을 골라 대화를 완성하세요.

보기　　　신중하다　　　예민하다　　　활발하다　　　자상하다

1) 가: 처음 왔을 때보다 이제 일이 많이 익숙해졌죠?

　　나: 네, 제가 아무것도 모를 때 안젤라 씨가 _____게 잘 가르쳐 준 덕분이에요.

2) 가: 저는 _____은/ㄴ 편이어서 빗소리에도 잠이 깨요.

　　나: 그래요? 저는 한 번 잠들면 아무 소리도 못 들어요.

3) 가: 오늘 바람도 많이 불고 날씨가 정말 춥죠?

　　나: 네, 날씨가 이렇게 춥지만 아이들은 _____게 잘 뛰어노네요.

4) 가: 저는 일을 할 때 생각을 많이 해서 시간이 오래 걸리는 편이에요.

　　나: 항상 그렇게 _____게 일을 하니까 실수가 없죠.

형 -어지다

1 다음 표를 완성하세요.

기본형	-아지다/어지다	기본형	-아지다/어지다
복잡하다	복잡해지다	높다	
길다		느긋하다	
신중하다		★나쁘다	
★다르다		★크다	커지다
★덥다		★하얗다	

2 〈보기〉와 같이 문장을 완성하세요.

> 보기
> 채소 값과 과일 값이 작년보다 많이 비싸졌다.
> (비싸다)

1) 집 근처에 지하철역이 새로 생겨서 교통이 _____.
　　　　　　　　　　　　　　　　　　　　　　　　(편리하다)

2) 가구를 옮기고 안 쓰는 물건들을 버리니까 방이 _____.
　　　　　　　　　　　　　　　　　　　　　　　　　　　(넓다)

3) 매일 한국 드라마를 보면서 따라 하는 연습을 해서 발음이 _____.
　　　　　　　　　　　　　　　　　　　　　　　　　　　　　　　　　(좋다)

4) 물병을 넣으니까 가방이 _____ 다시 꺼냈다.
　　　　　　　　　　　　　　　　　(무겁다)

5) 한국 생활에 _____ 후에 고향에 있는 가족을 초대해서 여행하고 싶다.
　　　　　　　　　(익숙하다)

3 그림을 보고 〈보기〉와 같이 대화를 완성하세요.

보기
가: 요즘 운동하세요? 건강이 좋아 보여요.
나: 네, 늘 피곤했는데 요즘 운동을 해서 건강이 <u>좋아졌어요</u>.

1)
가: 동네에 아파트가 생겼네요.
나: 네, 아파트가 생겨서 동네가 _____.

2)
가: 저는 발표할 때 긴장을 해서 얼굴이 _____.
나: 저도 긴장을 많이 하는 편이에요.

3)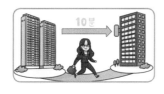
가: 겨울이 돼서 낮이 많이 _____.
나: 맞아요. 낮이 짧으니까 시간이 빨리 가는 것 같아요.

4)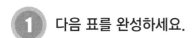
가: 얼마 전에 이사하셨는데 어떠세요?
나: 이사하기 전에는 회사가 멀었는데 이제 _____ 좋아요.

통 형 -는 대신(에)

1 다음 표를 완성하세요.

기본형	-는 대신(에)	기본형	-은/ㄴ 대신(에)
웃다	웃는 대신에	친절하다	
주다		다르다	
걷다		많다	많은 대신에
덜렁거리다		소극적이다	
청소하다		★길다	
★살다		★아름답다	

2 〈보기〉와 같이 문장을 완성하세요.

> **보기**
>
> 나는 일을 할 때 시간이 오래 <u>걸리는 대신에</u> 실수가 없다.
> (걸리다)

1) 이 가게의 과일과 채소는 _____ 싱싱하다.
   (비싸다)

2) 그 회사는 월급이 _____ 휴가가 많은 편이다.
   (적다)

3) 버스를 타고 가면 한 번에 _____ 지하철보다 시간이 더 걸린다.
   (가다)

4) 가족과 멀리 떨어져 _____ 매일 영상 통화를 한다.
   (살다)

3 〈보기〉와 같이 대화를 완성하세요.

> **보기**
>
> 가: 친한 친구 생일인데 바빠서 못 만날 것 같아요.
> 나: 그럼 <u>못 만나는 대신에</u> 선물을 보내는 건 어때요?

1) 가: 집 근처에 산이 있어서 공기가 깨끗하지요?

   나: 네, 그런데 공기가 _____ 벌레가 많아요.

2) 가: 학교에 다니면서 밤에 아르바이트하기 힘들지요?

   나: 네, 그래도 _____ 학비를 벌 수 있어서 좋아요.

3) 가: 이번에 들어온 신입 사원은 참 적극적인 것 같아요.

   나: 맞아요. 그런데 _____ 좀 덜렁거려서 가끔 실수를 해요.

4) 가: 아이들이 다 커서 이제 엄마, 아빠를 많이 도와주지요?

   나: 많이 _____ 용돈도 더 요구해요.

Track 03

1 다음 대화를 듣고 빈칸에 알맞은 말을 쓰세요. 그리고 말해 보세요.

1) 가: 라흐만 씨가 일하는 모습을 보면 성격이 좀 느긋한 것 같아요.

　　나: 라흐만 씨요? 맞아요, 그런데 ＿＿＿＿＿＿＿＿＿＿＿＿＿＿＿＿ 실수가 없어요.

2) 가: 소극적인 성격을 바꾸고 싶은데 가능할까요?

　　나: 성격을 바꾸는 일이 쉽지는 않지만 ＿＿＿＿＿＿＿＿＿＿＿＿＿＿＿.

3) 가: 저는 좀 ＿＿＿＿＿＿＿＿＿＿＿＿＿＿＿＿＿＿ 자상한 사람을 보면 부러워요.

　　나: 안젤라 씨는 무뚝뚝한 대신에 다른 사람들 이야기를 잘 들어 줘서 좋아요.

　　가: 그렇게 생각해 줘서 고마워요.

Track 04

2 다음 대화를 듣고 물음에 답하세요.

1) 이링 씨 친구의 성격이 <u>아닌</u> 것을 고르세요.

　❶ 내성적이다　　　　❷ 다정하다　　　　❸ 꼼꼼하다

2) 들은 내용과 같으면 ○, 다르면 X 하세요.

　❶ 면세점에서 일할 사람을 구하고 있다.　　　　　（　　　）

　❷ 이링 씨의 친구는 한국에서 취직하려고 한다.　　（　　　）

　❸ 이링 씨의 친구는 한국의 백화점에서 일한 경험이 있다.　（　　　）

1 다음을 읽고 읽은 내용과 같으면 ○, 다르면 X 하세요.

나는 외향적인 성격일까, 내성적인 성격일까?

내성적

☐ 평소 생각을 깊게 하는 편이다.
☐ 모르는 사람들과 있을 때는 조용해진다.
☐ 문제가 생기면 자신의 힘으로 먼저 해결하려고 한다.

외향적

☐ 사람들과 대화할 때 먼저 말을 거는 편이다.
☐ 모임에서 여러 사람들과 잘 어울린다.
☐ 다른 사람들의 시선과 관심에 부담을 느끼지 않는다.

1) 내성적인 성격은 모르는 사람들과 있을 때 말을 안 하는 편이다. ( )

2) 문제가 있으면 도움을 요청해서 해결하려는 사람은 내성적인 성격에 가깝다. ( )

3) 외향적인 성격은 다른 사람들의 시선과 관심을 불편해한다. ( )

2 다음 글을 읽고 물음에 답하세요.

우리는 성격을 이야기할 때 '장점'과 '단점'이라는 말을 자주 사용한다. 예를 들면 겉으로 표현을 잘 안 하는 ㉠＿＿＿＿＿＿ 성격을 단점으로 볼 수도 있지만, 신중하고 말을 가볍게 옮기지 않는 모습을 장점으로 생각할 수도 있다. 또 소심한 성격은 스트레스를 많이 받는 편이지만 다른 사람의 이야기를 잘 들어 주고 배려심이 많은 성격이기도 하다.

성격은 어떤 면에서는 장점이 될 수도 있고, 단점이 될 수도 있다. 그렇기 때문에 다른 사람이 "너는 소극적인 성격이 문제야.", "너는 좀 소심한 편이야."라고 이야기하는 것에 심각하게 고민할 필요는 없다.

1) ㉠에 들어갈 알맞은 말을 고르세요.

❶ 적극적인   ❷ 내성적인   ❸ 외향적인

2) 윗글의 내용과 같은 것을 고르세요.

❶ 소심한 성격은 스트레스를 많이 받기 때문에 좋은 성격이 아니다.

❷ 다른 사람들이 내 성격의 문제점을 말해 주면 고치려고 노력해야 한다.

❸ 성격은 생각에 따라 장점이 될 수도, 단점이 될 수도 있다.

다음은 '바꾸고 싶은 나의 성격'에 대한 글입니다. 메모를 참고하여 글을 완성하세요.

바꾸고 싶은 나의 성격	내성적이고 소극적인 성격 → 활발하고 적극적인 성격
바꾸고 싶은 이유	- 친구들과 어울리기 힘들다. - 새로운 사람들을 사귀기 어렵다. - 항상 자신감 없는 사람처럼 보이는 것이 싫다.
앞으로 해야 하는 노력	사람들을 많이 만날 수 있는 모임에 자주 참석한다.

　　나는 평소에 내 생각이나 의견을 잘 표현하지 않는 내성적인 성격이다. 또 소극적이어서 주로 어떤 일을 할 때 스스로 나서는 것보다 누가 시키는 일을 하는 것이 편하다. 오랫동안 이렇게 살았지만 요즘은 이런 성격을 1)

바꾸고 싶다.

　　오랫동안 사귄 친구들을 만났을 때도 가끔 어울리기 힘들고, 새로운 곳에서 2)

　　　　　　　　　　　기 때문이다. 한국인 친구들을 사귀고 싶은데 내성적이고 소극적인 성격 때문에 더 힘든 것 같다. 특히 3)

는 것이 싫다.

　　앞으로 4)　　　　　　　　　　　　　　　　사람들과 어울리려는

노력을 할 것이다.

3과 지역 복지 서비스

어휘

1 〈보기〉에서 알맞은 것을 골라 문장을 완성하세요.

> **보기**   상담   노인   교육   대여

1) 요즘 자녀와 함께 살지 않고 혼자 사는 _____이/가 늘고 있다.

2) 우리 회사에서는 해외 근무 직원들의 건강 문제를 전화로 _____해 주기로 했다.

3) '돌봄 서비스' 업무를 하는 사람들은 한 달에 한 번 반드시 업무 _____을/를 받는다.

4) 우리 시에서는 구직자에게 면접 때 입을 정장을 무료로 _____하는 서비스를 실시한다.

2 다음 문장에 알맞은 것을 고르세요.

1) 65세 이상의 노인들은 무료로 독감 예방 접종을 (❶ 받을 수 있다, ❷ 나눌 수 있다).

2) 인터넷에서도 육아 정보를 쉽게 (❶ 얻을 수 있다, ❷ 고를 수 있다).

3) 우리 부부는 회사에 출근하기 전에 어린이집에 아이를 (❶ 대여한다, ❷ 맡긴다).

4) 한국 생활에 대해 궁금하신 분은 상담을 (❶ 도우러, ❷ 받으러) 오세요.

5) 요즘은 주인 대신 반려동물을 (❶ 돌보는, ❷ 빌리는) 직업이 인기이다.

3 관계있는 것을 연결하세요.

1) 작은 식당을 하나 열고 싶은데 방법을 모르겠어요. •

2) 한국어를 잘 못해서 은행을 이용하기가 힘들어요. •

3) 아이에게 다양한 장난감을 사 주고 싶은데 너무 비싼 것 같아요. •

4) 요즘 몸이 너무 피곤한데 왜 그런지 모르겠어요. •

• ❶ 요즘은 '장난감 도서관'에 예약만 하면 대여해 줘요.

• ❷ 검진을 받아 보는 게 어때요?

• ❸ 창업 지원 센터에서 무료로 창업 상담을 받을 수 있어요.

• ❹ 통번역 서비스를 신청해 보세요.

4 〈보기〉에서 알맞은 것을 골라 쓰세요.

| 보기 | 예방 접종 | 방문 상담 | 무료 교육 | 통번역 서비스 |

이민자 지원 서비스가 시작됩니다!

여러분의 한국 생활을 함께합니다!

문의: 070-3775-82XX

아직 한국어가 부족해서 말이 잘 안 통하세요?

1) _____을/를 신청하세요.

아이가 있어서 센터에 방문하기 어려우시지요?

2) _____을/를 해 드립니다.

컴퓨터를 배우고 싶은데 수업료가 부담되세요?

3) _____을/를 받으세요.

올겨울 독감 걱정은 안 하셔도 됩니다.

4) _____도 받으실 수 있습니다.

동형 −는지 알다/모르다

1 다음 표를 완성하세요.

기본형	−는지 알다/모르다	기본형	−은/ㄴ지 알다/모르다
받다	받는지 알다/모르다	다르다	
대여하다		작다	작은지 알다/모르다
맡기다		많다	
먹다		★길다	
사다		★가깝다	
★놀다		★어떻다	

2 〈보기〉와 같이 관계있는 것을 연결하고 문장을 완성하세요.

보기	여기서 공항까지	•·········· •	어떻게 가는지 아세요?

1) 지금 교실에 사람이   •   • ❶ 어떤지 아세요?

2) 이번 주말에 날씨가   •   • ❷ 몇 명 있는지 모르겠어요.

3) 잡채를 먹고 싶은데   •   • ❸ 어디인지 알고 싶어요.

4) 무료로 컴퓨터를 배울 수 있는 곳이   •   • ❹ 어떻게 만드는지 아세요?

보기   여기서 공항까지 어떻게 가는지 아세요?

1) 지금 교실에 _____.

2) _____?

3) _____?

4) _____.

3 〈보기〉와 같이 대화를 완성하세요.

> 보기
> 가: 안젤라 씨가 몇 시에 퇴근했어요?
> 나: 글쎄요. 언제 퇴근했는지 잘 모르겠어요. (퇴근하다)

1) 가: 제주도 여행을 언제 가는 게 _____? (좋다)
   나: 제주도는 사계절 내내 아름다우니까 아무 때나 가세요.

2) 가: 앞에 앉은 저 학생은 어느 나라 사람이에요?
   나: 글쎄요. 저도 저 학생이 _____. (어느 나라 사람이다)

3) 가: 여기서 시청까지 _____? (얼마나 걸리다)
   나: 네, 버스를 타면 15분 정도 걸려요.

4) 가: 내일 현장 학습을 가는데 어디에서 _____? (모이다)
   나: 네, 센터 정문 앞에서 모이기로 했어요.

동-다가

1 〈보기〉와 같이 문장을 완성하세요.

> 보기
> 이 길로 쭉 가다가 편의점 앞에서 왼쪽으로 가시면 돼요.
> (가다)

1) 고향 음식을 _____ 재료가 부족해서 마트에 갔다 왔어요.
   (만들다)

2) 아이가 엄마를 찾으면서 _____ 잠이 들었어요.
   (울다)

3) 밖에서 시끄러운 소리가 나서 _____ 깼어요.
   (자다)

4) 영화관에서 영화를 _____ 너무 재미없어서 중간에 나왔어요.
   (보다)

2 관계있는 것을 연결하고 문장을 완성하세요.

| 보기 | 우유를 먹다 | • | • | 잠이 들다 |

1) 부산에서 살다 • • ❶ 잃어버린 사진을 찾다

2) 책상 서랍을 정리하다 • • ❷ 넘어지다

3) 노래를 부르다 • • ❸ 대구로 이사하다

4) 계단을 내려가다 • • ❹ 가사를 잊어버리다

> **보기** 아이가 <u>우유를 먹다가 잠이 들었다</u>.

1) 7년 전에 _____.

2) 책상 서랍을 _____.

3) 좋아하는 _____ 끝까지 못 불렀다.

4) 계단을 _____.

3 〈보기〉와 같이 대화를 완성하세요.

> **보기**
> 가: 아직 비가 와요?
> 나: 아침에 많이 <u>오다가</u> 지금은 그쳤어요. (오다)

1) 가: 무슨 책을 읽고 있어요?
   나: 지난주에 _____ 다 못 읽은 소설을 다시 읽고 있어요. (읽다)

2) 가: 공원에서 _____ 어렸을 때 친구를 우연히 만났어요. (산책하다)
   나: 오랜만에 만나서 정말 반가웠겠어요.

3) 가: 한국어 3단계 수업이 너무 어려워졌어요.
   나: _____ 모르는 것이 있으면 언제든지 물어보세요. (공부하다)

4) 가: 왜 이렇게 늦게 왔어요?
   나: 친구하고 _____ 막차를 놓쳐서 늦었어요. (놀다)

Track 05

1 다음 대화를 듣고 빈칸에 알맞은 말을 쓰세요. 그리고 말해 보세요.

1) 가: 우리 동네에 무료로 컴퓨터를 배울 수 있는 곳이 _____?

   나: 글쎄요. 저도 잘 모르겠어요.

2) 가: 제가 보낸 음악 좀 들어 보세요. 마음이 편안해져서 항상 _____.

   나: 요즘 스트레스 때문에 잠을 잘 못 자는데 한번 들어 볼게요.

3) 가: 두 사람이 다 출근하면 어머니는 혼자 계셔야 돼요?

   나: 네, 어머니가 연세가 많으신데 혼자 계셔서 걱정이에요.

   가: 시청이나 구청에 _____ 알아보세요.

Track 06

2 다음 대화를 듣고 물음에 답하세요.

1) 라흐만 씨는 한국에서 어떻게 취업했습니까?

   _____

2) 들은 내용과 같으면 ○, 다르면 X 하세요.

   ❶ 고천 씨는 구직을 준비하고 있다. ( )

   ❷ 라흐만 씨는 외국인을 도와주는 곳에 취업했다. ( )

   ❸ 라흐만 씨는 한국어와 컴퓨터를 무료로 배웠다. ( )

1 다음을 읽고 읽은 내용과 같으면 ○, 다르면 X 하세요.

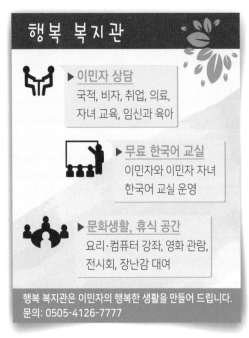

1) 이 복지관에서 임신과 육아에 관련된 상담을 받을
수 있다. ( )

2) 이 복지관에서는 이민자와 그 자녀들도
무료로 한국어를 배울 수 있다.

( )

3) 이 복지관은 이민자에게 도움을 주는 곳이다.

( )

2 다음은 행복 복지관에 대한 글입니다. 글을 읽고 물음에 답하세요.

미래시에 위치한 행복 복지관은 지난 7일 상담, 문화 강좌, 전시회 등 지역 주민들끼리
서로 만나 정보를 교환하고 휴식을 취할 수 있는 공간을 마련했다. 행복 복지관은 휴식
공간과 문화 공간으로 나누어 운영할 계획인데 지하철역과 버스 정류장 가까이에 위치해
편리하게 이용할 수 있다.

1층은 노인, 이민자, 장애인 등 지역 주민이면 누구나 방문해 소통과 휴식을 할 수 있는
공간이다. 특히 이 휴식 공간에는 지역 예술인과 동호회원들의 그림·사진·공예품 등을
전시해 많은 지역 주민들에게 새로운 볼거리를 제공할 것이다. 2층은 문화 강좌, 전시회
개최, 직업 훈련, 북 카페 등의 공간으로 만들어져 관심이 있는 지역 주민이면 언제든지
방문하여 이용할 수 있다.

1) 무엇에 대한 이야기입니까?

❶ 복지관에 가는 방법   ❷ 복지관 이용 소개   ❸ 복지관 이용 시간

2) 윗글의 내용과 같은 것을 고르세요.

❶ 이곳에서는 문화생활도 할 수 있고 휴식도 취할 수 있다.

❷ 이곳은 노인, 이민자, 장애인이 주로 이용하는 곳이다.

❸ 직업 훈련을 받고 싶으면 복지관 1층에 방문하면 된다.

다음은 '내가 경험한 복지 서비스'에 대한 글입니다. 메모를 참고하여 글을 완성하세요.

복지 서비스를 이용한 이유	병원에 갔을 때 증상을 한국어로 말하지 못해서
복지 서비스의 좋은 점	- 한국어를 못해서 생기는 다양한 문제를 해결할 수 있다. - 공공 기관을 큰 어려움 없이 이용할 수 있다. - 다양한 분야에서 서비스를 받을 수 있다.
복지 서비스를 이용하는 방법	직접 방문하거나 전화, 이메일, 팩스로 미리 신청하면 된다.

한국에 와서 몸이 심하게 아팠을 때가 있었다. 참을 수 없어서 집 근처에 있는 병원을 찾아갔다. 하지만 그때는 한국에 온 지 얼마 안 되어서 증상을 한국어로 말하지 못했다. 그래서 외국어 통번역 서비스를 신청해서 도움을 받았는데 여러 이민자들에게 이 서비스를 소개해 주고 싶다.

이 서비스는 여러 가지 좋은 점이 있는데 첫째, 이민자가 1)

. 둘째, 출입국·외국인청, 은행, 병원 등

2)

. 그리고 육아, 취업, 교육, 국적 변경 등 다양한 분야에서 3)

.

이 서비스를 이용하려면 다문화가족지원센터에 4)

.

4과 교환과 환불

어휘

1 〈보기〉에서 알맞은 것을 골라 문장을 완성하세요.

| 보기 | 색상 | 사이즈 | 바느질 | 가격 |

1) ＿＿＿＿＿＿＿＿이/가 작은 신발을 신고 걸어서 발이 아팠다.

2) 고천 씨는 ＿＿＿＿＿＿＿을/를 잘해서 직접 옷을 만들어서 입는다.

3) 가게에서 마음에 드는 옷을 봤지만 ＿＿＿＿＿＿＿이/가 비싸서 사지 못했다.

4) 파란색 티셔츠를 주문했는데 인터넷에서 본 사진과 ＿＿＿＿＿＿＿이/가 조금 달라서 환불하려고 한다.

2 다음 문장에 알맞은 것을 고르세요.

1) 살이 많이 빠져서 작년에 산 바지가 (❶ 헐렁해졌다, ❷ 날씬해졌다).

2) 셔츠의 단추가 (❶ 내려가서, ❷ 떨어져서) 다시 바느질을 했다.

3) 활짝 웃는 것을 보니 슬기는 선물이 마음에 (❶ 드는, ❷ 쓰는) 모양이다.

4) 이링 씨는 몸에 꽉 (❶ 끼는, ❷ 잡는) 옷을 자주 입는다.

5) 커피를 쏟아서 하얀색 바지에 (❶ 얼룩, ❷ 구멍)이 생겼다.

3 다음은 인터넷 쇼핑몰의 게시글입니다. 〈보기〉에서 알맞은 것을 골라 문장을 완성하세요.

보기   환불하다   교환하다   개봉하다

︿이전 글 ﹀다음 글   목록

제목: 디자인이 사진과 너무 다르네요.
내용: 사진을 보고 예뻐서 옷을 구입했는데 택배 상자를 **1)** _____아/어
　　　 보니까 생각한 것과 디자인이 많이 달라요. **2)** _____ 싶은데 어떻게
　　　 해야 할까요?

↳답글: 환불을 원하시면 인터넷에서 접수가 가능합니다. 구입하신 상품 확인 후 환불을
　　　 도와드리겠습니다. 세일 상품은 환불이 불가능하고 다른 상품으로
　　　 3) _____ 것만 가능합니다. 고객 센터로 전화 주시면 상담사와
　　　 자세히 상담하실 수 있습니다.

* 문의 전화: 1661-1234
* 상담 시간: 월요일~금요일 오전 10시~오후 5시

4 다음은 교환 경험에 대한 글입니다. 〈보기〉에서 알맞은 것을 골라 글을 완성하세요.

보기   문의하다   훼손되다   상담하다

　　지난주에 옷 가게에서 원피스를 구매했습니다. 구매할 때는 보지 못했지만 다시 보니

단추가 떨어졌고 제품이 조금 **1)** _____ 았/었습니다. 매장에 전화로

2) _____ 아/어 봤는데 직원이 친절하게 **3)**

아/어 주었습니다. 영수증이 있으면 새로운 상품으로 교환할 수 있으니까 내일 다시

매장에 방문하려고 합니다.

[동]-을 만하다

① 다음 표를 완성하세요.

기본형	-을 만하다/ㄹ 만하다	기본형	-을 만하다/ㄹ 만하다
먹다	먹을 만하다	보다	
읽다		가다	갈 만하다
입다		마시다	
믿다		배우다	
★듣다		구경하다	
★살다	살 만하다	사용하다	

② 그림을 보고 〈보기〉와 같이 대화를 완성하세요.

보기

가: 이 바지 너무 낡았는데 버릴까요?
나: 오래되기는 했지만 아직 입을 만해요.

1)

가: 한국 신문을 읽을 수 있어요?
나: 네. 조금 어렵지만 _____.

2)

가: 한국어 공부가 어렵지 않아요?
나: 괜찮아요. 어렵지만 _____.

3)

가: 김치찌개가 너무 매운데 먹기 괜찮아요?
나: 괜찮아요. 맵지만 _____.

4)

가: 지난번 설악산 여행은 어땠어요?
나: 많이 걸어서 힘들었지만 단풍이 예뻐서 _____.

3 〈보기〉와 같이 대화를 완성하세요.

> **보기** 가: 집 근처에 걷기 좋은 곳이 있어요?
>
> 나: <u>한강 공원이 경치가 좋아서 걸을 만해요</u>.
>
>   (경치가 좋다 / 걷다)

1) 가: 재미있는 드라마를 추천해 주세요.

   나: 요즘 주말에 하는 드라마가 _____.

   　　　　　　　　　　　　　　(내용이 재미있다 / 보다)

2) 가: 라민 씨는 알랭 씨를 왜 좋은 친구라고 생각해요?

   나: 알랭 씨는 _____.

   　　　　　　　　　(약속을 잘 지키다 / 믿다)

3) 가: 할머니께 과일을 사 드리려고 하는데 뭐가 좋을까요?

   나: 바나나가 _____.

   　　　　　　(많이 달거나 시지 않다 / 할머니께서 드시다)

4) 가: 회사 앞 한식집에서 가족 모임을 하려고 하는데 괜찮을까요?

   나: 전에 한 번 가 봤는데 _____.

   　　　　　　　　　　(음식이 싸고 맛있다 / 먹다)

통형 -어 가지고

1 다음 표를 완성하세요.

기본형	-아 가지고/어 가지고	기본형	-아 가지고/어 가지고	기본형	-아 가지고/어 가지고
사다	사 가지고	먹다		구매하다	
보다		없다		환불하다	
오다		떨어지다		좋아하다	좋아해 가지고
많다		★어렵다		친절하다	
작다		★예쁘다		헐렁하다	

문법

2 그림을 보고 〈보기〉와 같이 대화를 완성하세요.

> **보기**
> 가: 민수 씨, 어딜 그렇게 급하게 가요?
> 나: 딸이 <u>아파 가지고</u> 병원에 가는 길이에요.

1)
가: 화장품이 이렇게 많은데 또 샀어요?
나: 립스틱 색깔이 너무 _____ 안 살 수가 없었어요.

2)
가: 지난번에 산 티셔츠 환불했어요?
나: 네, 티셔츠가 _____ 바로 환불했어요.

3)
가: 어제 문화 수업이 어땠어요?
나: _____ 못 갔어요.

4)
가: 성민 씨가 안 본 사이에 키가 많이 컸네요!
나: 잘 먹고 열심히 _____ 키가 많이 컸어요.

3 〈보기〉와 같이 대화를 완성하세요.

> **보기**
> 가: 왜 이렇게 기분이 안 좋아 보여요?
> 나: <u>지갑을 잃어버려 가지고 속상해요.</u>
> (지갑을 잃어버리다)

1) 가: 오늘 왜 친구하고 약속을 취소했어요?
　　나: _____.
　　　　　　　　　　(비가 너무 많이 오다)

2) 가: 시력이 왜 이렇게 안 좋아졌어요?
　　나: _____.
　　　　　　　　(매일 휴대 전화로 게임을 하다)

3) 가: 왜 화장실에 자주 가요?
　　나: _____.
　　　　　　　　(어제 매운 음식을 먹었다)

4) 가: 운동화를 사러 가서 왜 그냥 왔어요?
　　나: _____.
　　　　　　　　(맞는 사이즈가 없었다)

Track 07

1 다음 대화를 듣고 빈칸에 알맞은 말을 쓰세요. 그리고 말해 보세요. 🎧

1) 가: 어서 오세요. 무엇을 도와드릴까요?

　　나: 어제 이 가방을 샀는데 집에 와서 보니 _____.

　　　 다른 상품으로 바꿀 수 있을까요?

2) 가: 이거 제가 직접 만든 커피인데 _____. 한번 드셔 보세요.

　　나: 와, 커피가 정말 맛있네요!

3) 가: 라흐만 씨는 홈쇼핑을 해 본 적이 있어요?

　　나: 아니요, _____ 어려울까 봐 걱정이 되어서 이용해 보지 않았어요.

Track 08

2 다음 대화를 듣고 물음에 답하세요. 🎧

1) 두 사람은 어디에서 이야기하고 있습니까?

　　_____

2) 들은 내용과 같으면 〇, 다르면 X 하세요.

　❶ 여자는 가방에 문제가 있어서 교환하고 싶어 한다.　　(　　)

　❷ 교환을 할 때는 영수증이 있어야 한다.　　(　　)

　❸ 여자는 노란색 가방을 골랐다.　　(　　)

1 다음은 제품의 교환 및 환불 주의 사항입니다. 글을 읽고 내용과 같으면 ○, 다르면 X 하세요.

전자 제품 교환 및 환불 규정

1) 박스를 개봉하거나 제품이 훼손되면 교환 및 환불이 불가능합니다.
2) 고객의 변심에 의한 환불은 제품 구매 후 7일 이내에 가능합니다.
3) 문제가 있는 제품을 구매했을 때 7일 이내에 서비스 센터에서 환불 및 교환 또는 A/S가 가능합니다. (영수증 지참)
4) 교환 및 환불은 구매한 곳에서만 가능합니다.

1) 전자 제품은 박스를 개봉하면 환불이 안 된다.   (   )

2) 제품에 문제가 없으면 구매 7일 후에는 환불을 할 수 없다.   (   )

3) 영수증이 있으면 집에서 가까운 매장에서 교환할 수 있다.   (   )

2 다음은 물건을 구매한 사람의 후기입니다. 글을 읽고 물음에 답하세요.

« 　홈　**구매 후기**　답변하기　베스트　사람들　»

제목: **정말 만족합니다 ★★★★★ (5점)**

　　딸의 생일 선물로 무선 이어폰을 주문하였는데 이렇게 행복해하는 모습은 처음이었어요. 처음 인터넷 쇼핑으로 전자 제품을 구매해 보았는데 주문한 지 하루 만에 배송이 왔어요. 택배 기사님도 친절하셔서 기분 좋게 상품을 받았어요. 상자를 개봉해서 확인하니 상품의 색상과 디자인도 사진에서 본 것과 같았어요. 인터넷으로 쇼핑할 만하네요. 앞으로도 자주 이용할 거예요.

1) 무슨 상품에 대한 이야기입니까?

_____

2) 윗글의 내용과 같은 것을 고르세요.

❶ 이 사람은 인터넷 쇼핑을 자주 이용한다.

❷ 인터넷으로 주문해서 받은 물건이 훼손되었다.

❸ 이 사람은 상품을 주문한 다음 날 상품을 받았다.

다음은 '쇼핑 경험'에 대한 글입니다. 메모를 참고하여 글을 완성하세요.

구입 물품	남성용 청바지
구입 시기	일주일 전
물품의 문제점	- 바지가 작다 → 꽉 끼다. - 바지 밑부분에 바느질이 잘못되었다 → 걸을 때 불편하다.
해결 방법	- 영수증을 가지고 옷을 산 매장에 다시 방문했다. - 큰 사이즈는 입을 만해서 환불하지 않고 교환했다.

저는 일주일 전에 남성용 청바지를 하나 구입했습니다. 시간이 없어서 입어 보지 않고 그냥 구입했는데 집에 와서 입어 보니 사이즈가 안 맞았습니다. 평소에 입는 사이즈보다

1)   . 게다가

2)   .

하지만 디자인이 너무 마음에 들어서 3)

                      . 매장에서 다른 바지를 입어 보니까 4)

                         . 옷을 교환할 때 직원이 구입한 지 14일 이내에 가격표를 훼손하지 않고 영수증과 함께 옷을 가지고 오면 교환이나 환불이 가능하다고 말해 주었습니다. 다음부터는 고민이나 걱정 없이 교환이나 환불을 잘 할 수 있을 겁니다.

5과 소비와 절약

어휘

1 〈보기〉에서 알맞은 것을 골라 문장을 완성하세요.

> **보기**   메모   할인 카드   가계부   적립 쿠폰   충동구매

1) _____을/를 쓰니까 무엇에 지출이 많은지 한눈에 알 수 있다.

2) 쇼핑하기 전에 살 것을 미리 _____하면 과소비를 안 하게 된다.

3) 이 카페는 _____을/를 모아서 가면 무료로 커피를 준다.

4) 사람들은 보통 _____을/를 한 후에 구매한 것을 후회한다.

5) 물건을 살 때 _____을/를 잘 이용하면 비싼 상품도 저렴하게 살 수 있다.

2 〈보기〉에서 알맞은 것을 골라 문장을 완성하세요.

> **보기**   교통비   문화생활비   교육비   식비   경조사비

1) _____

피자 가게	34,000원
커피숍	6,000원
라면	1,200원

2) _____

친구 결혼식	50,000원
어머니 생신	100,000원

3) _____

요리책	25,000원
영화	17,000원

4) _____

영어 학원	150,000원
유치원 등록금	300,000원

5) _____

택시비	13,000원
교통 카드	80,000원

3 다음은 후엔이 쓴 가계부입니다. 〈보기〉에서 알맞은 것을 골라 문장을 완성하세요.

보기   지출 항목   공과금   의료비

가계부		
	1) _____	금 액
11월 15일	택시비	6,500원
	교통 카드 충전	10,000원
	점심값	5,000원
	전기 요금	9,000원
	감기약	4,000원
총		34,500원

오늘의 지출 내용: 교통비 16,500원
식비 5,000원
2) _____ 9,000원
3) _____ 4,000원

4 다음은 이링이 쓴 일기입니다. 〈보기〉에서 알맞은 것을 골라 글을 완성하세요.

보기   메모를 하다   비용이 들다   비용이 부담스럽다   비용을 줄이다

　나는 이번 달 식비로 60만 원을 썼다. 친구와 자주 맛있는 식당에 가서 밥을 먹고 카페에도 많이 갔기 때문이다. 생각보다 돈을 너무 많이 써서 휴가철에 여행을 가고 싶은데 1) _____ . 그래서 앞으로 생활할 때 2) _____ (으)ㄹ 수 있는 방법을 찾아보았다. 식사를 하거나 카페에 갈 때 할인 카드로 결제하고 포인트와 쿠폰을 적립하면 지금보다 적게 3) _____ (으)ㄹ 것이다. 그리고 돈을 쓴 후에는 가계부에 4) _____ (으)ㄹ 것이다.

문법

몡이나/밖에

1 그림을 보고 〈보기〉와 같이 대화를 완성하세요.

> **보기**
> 가: 저는 하루에 커피를 네 잔 마셔요.
> 나: 하루에 네 잔이나 마셔요? 정말 많이 마시네요.

1) 가: 이번 달에 문화생활비로 30만 원을 썼어요.
   나: _____? 정말 많이 썼네요.

2) 가: 지하철역에서 친구를 한 시간 동안 기다렸어요.
   나: _____? 정말 오래 기다렸네요.

3) 가: 어제 생일 파티에 친구가 열 명 왔어요.
   나: _____? 정말 많이 왔네요.

4) 가: 어제 배가 고파서 혼자 삼겹살을 삼 인분 먹었어요.
   나: _____? 정말 많이 먹었네요.

2 그림을 보고 〈보기〉와 같이 대화를 완성하세요.

> **보기**
> 가: 이번 달 전기 요금이 얼마가 나왔어요?
> 나: 전기를 적게 사용해서 3만 원밖에 안 나왔어요.

1)
   가: 하루에 한국어 공부를 얼마나 해요?
   나: 요즘 바빠서 _____.

2)
   가: 요리를 할 줄 아세요?
   나: 할 줄 아는 음식은 _____.

3)
   가: 오늘 아침을 먹었어요?
   나: 늦잠을 자서 _____.

4) 가: 교실에 학생들이 다 왔어요?
   나: 아니요. 교실에 _____.

3 **〈보기〉와 같이 대화를 완성하세요.**

> **보기**
>
> 가: 저는 동생이 세 명 있어요.
>
> 나: 세 명이나 있어요? 저는 동생이 <u>한 명밖에 없어요</u>. (한 명)

1) 가: 저는 이번 시험에서 90점 받았어요.

　　나: 90점＿＿＿＿ 받았어요? 저는 ＿＿＿＿＿＿＿＿＿＿＿＿＿＿＿＿＿. (50점)

2) 가: 이번 달 통신비가 10만 원 나왔어요.

　　나: 10만 원＿＿＿＿ 나왔어요? 저는 ＿＿＿＿＿＿＿＿＿＿＿＿＿＿. (3만 원)

3) 가: 저는 매일 운동을 두 시간 정도 해요.

　　나: 두 시간＿＿＿＿ 운동을 해요? 저는 ＿＿＿＿＿＿＿＿＿＿＿＿＿. (십 분)

4) 가: 저는 운동화를 좋아해서 집에 운동화가 열 켤레 있어요.

　　나: 열 켤레＿＿＿＿ 있어요? 저는 ＿＿＿＿＿＿＿＿＿＿＿＿＿＿. (한 켤레)

동 형 -는다고 하다

 1 **다음 표를 완성하세요.**

기본형	-는/ㄴ다고 하다	-았/었다고 하다	기본형	-다고 하다	-았/었다고 하다
오다	온다고 하다		싸다		
가다			많다		많았다고 하다
찾다		찾았다고 하다	길다		
구입하다			다르다		
듣다			저렴하다	저렴하다고 하다	
★만들다			춥다		

2 그림을 보고 〈보기〉와 같이 대화를 완성하세요.

보기

인터넷으로 가격 비교를 하는 게 좋아요.

가: 라흐만 씨가 뭐라고 했어요?

나: 라흐만 씨가 인터넷으로 가격 비교를 하는 게 좋다고 했어요.

1) 이 가게에서는 쿠폰을 사용할 수 없어요.

가: 가게 직원이 뭐라고 했어요?

나: 가게 직원이 _____.

2) 다음 주에 시험이 있어요.

가: 선생님께서 뭐라고 하셨어요?

나: 선생님께서 _____.

3) 매일 뉴스에서 생활 정보를 들어요.

가: 이링 씨가 뭐라고 했어요?

나: 이링 씨가 _____.

4) 어제 아파서 학교에 못 갔어요.

가: 성민이가 뭐라고 했어요?

나: 성민이가 _____.

3 그림을 보고 〈보기〉와 같이 대화를 완성하세요.

1) 옷을 살 때 이월 상품을 사면 가격이 저렴해요.

보기

저는 쇼핑할 때 여러 사이트를 비교한 후에 물건을 사요.

2) 쇼핑하기 전에 살 것을 미리 메모하면 충동구매를 하지 않아요.

후엔

제이슨

고천

잠시드

이링

3) 전자 제품을 살 때 전시 상품을 사면 저렴하게 살 수 있어요.

4) 저는 새 제품보다 중고 제품을 찾아서 구매해요.

보기

고천 씨는 쇼핑할 때 여러 사이트를 비교한 후에 물건을 산다고 했어요.

1) 제이슨 씨는 _____.

2) 잠시드 씨는 _____.

3) 후엔 씨는 _____.

4) 이링 씨는 _____.

Track 09

1 다음 대화를 듣고 빈칸에 알맞은 말을 쓰세요. 그리고 말해 보세요.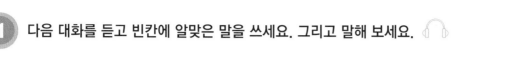

1) 가: 이번 달에는 택시를 자주 타서 교통비가 _____.

　　나: 가까운 곳은 대중교통을 이용하거나 걸어서 가면 교통비를 절약할 수 있어요.

2) 가: 영화를 좋아하는데 요즘 시간이 없어서 일주일에 _____.

　　나: 일주일에 한 번이나 봐요? 전 한 달에 한 번도 못 봐요.

3) 가: 물건을 살 때 비용을 아끼려면 어떻게 하는 것이 좋을까요?

　　나: 저는 인터넷에서 가격 비교를 하거나 벼룩시장을 이용해요.

　　　　인터넷을 보니까 _____.

　　가: 다음부터는 물건을 살 때 저도 그렇게 해야겠어요.

Track 10

2 다음 대화를 듣고 물음에 답하세요.

1) 두 사람은 무엇에 대해 이야기합니까?

　　_____

2) 들은 내용과 같으면 ○, 다르면 X 하세요.

　❶ 비싼 물건을 공동 구매하면 물건값이 더 비싸질 수 있다.　　　(　　　)

　❷ 이월 상품은 다음 계절에 유행하는 상품이다.　　　(　　　)

　❸ 겨울이 되기 한 달 전에 겨울옷을 사면 합리적 소비를 할 수 있다.　　　(　　　)

1 다음은 중고품 거래 광고입니다. 글을 읽고 내용과 같으면 ○, 다르면 X 하세요.

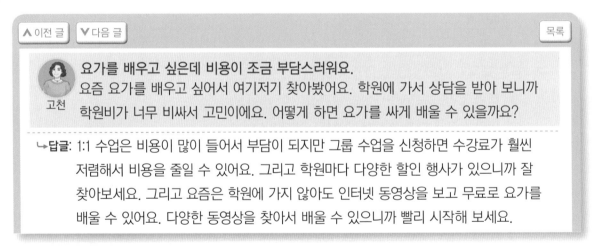

« 홈 **팝니다** 삽니다 베스트 사람들 **»**

제목: **중고 아기 유모차를 판매합니다.**

18만 원에 구매한 아기 유모차를 반값에 판매합니다.
사용한 지 1년밖에 안 되었습니다. 오래 사용하지 않아서
제품이 깨끗합니다. 유모차 구매 시 유아용 장난감도
서비스로 같이 드리겠습니다. 연락 주세요.

* 연락처: 010-1234-5678 　* 구매 후 환불 불가능

1) 이 사람은 유모차를 9만 원에 팔려고 한다. 　　(　　)

2) 유모차를 구매하면 장난감을 같이 받을 수 있다. 　　(　　)

3) 유모차를 산 후에 영수증이 있으면 환불할 수 있다. 　(　　)

2 다음은 운동 비용에 대해 고민하는 글입니다. 글을 읽고 물음에 답하세요.

ᐱ이전 글 　ᐯ다음 글 　　　　　　　　　　　　　　　　　　　목록

고천 　요가를 배우고 싶은데 비용이 조금 부담스러워요.
요즘 요가를 배우고 싶어서 여기저기 찾아봤어요. 학원에 가서 상담을 받아 보니까
학원비가 너무 비싸서 고민이에요. 어떻게 하면 요가를 싸게 배울 수 있을까요?

↳답글: 1:1 수업은 비용이 많이 들어서 부담이 되지만 그룹 수업을 신청하면 수강료가 훨씬
저렴해서 비용을 줄일 수 있어요. 그리고 학원마다 다양한 할인 행사가 있으니까 잘
찾아보세요. 그리고 요즘은 학원에 가지 않아도 인터넷 동영상을 보고 무료로 요가를
배울 수 있어요. 다양한 동영상을 찾아서 배울 수 있으니까 빨리 시작해 보세요.

1) 무슨 운동에 대한 글입니까?

_____

2) 윗글의 내용과 <u>다른</u> 것을 고르세요.

❶ 고천 씨는 운동을 배우고 싶은데 학원비 때문에 고민이다.

❷ 혼자서 수업을 듣는 것보다 다른 사람과 같이 들으면 비용이 싸다.

❸ 요즘은 인터넷 영상을 보면서 운동을 배우는 것이 유행이다.

다음은 '생활비 절약 방법'에 대한 글입니다. 메모를 참고하여 글을 완성하세요.

절약 방법		
식비 절약	인터넷 정보	외식을 줄이고 직접 도시락을 만들어서 먹으면 좋다.
	나의 결심	- 한 달에 한 번만 외식하기 - 냉장고에 있는 재료로 직접 도시락을 만들어서 출근하기
교통비 절약	인터넷 정보	대중교통을 이용하면 좋다.
	나의 결심	- 택시 이용을 적게 하고 버스 타기 - 가까운 거리는 공유 자전거를 이용하거나 걷기

　　이번 달 가계부를 보니까 식비와 교통비가 너무 많이 나와서 인터넷으로 생활비를

절약하는 방법을 찾아봤어요. 저는 직접 요리를 하지 않고 매일 식당에서 음식을 사 먹는

편이에요. 그런데 인터넷에서 1)　　　　　　　　　　　　　　　　. 그래서

앞으로는 2)　　　　　　　　　　　　　　　　　.

　　식비뿐만 아니라 요즘 택시를 자주 타서 이번 달에 교통비가 많이 나왔어요. 인터넷에서

교통비를 아끼는 좋은 방법은 3)　　　　　　　　　　　　.

교통비를 절약하기 위해서 4)　　　　　　　　　　. 요즘은 길에서

공유 자전거를 자주 발견할 수 있으니까 5)　　　　　　　.

그러면 불필요한 지출도 막고 건강도 좋아질 수 있어서 좋아요.

6과 주거 환경

어휘

1 〈보기〉에서 알맞은 것을 골라 문장을 완성하세요.

> **보기** 산업 단지   문화 시설   비닐하우스   빌딩 숲

1) 도심 속의 높은 건물들이 _____을/를 만들었다.

2) _____ 재배 덕분에 계절과 상관없이 여러 가지 과일을 먹을 수 있다.

3) 우리 고향은 산업화가 되면서 옛날 모습은 사라지고 여러 공장과 함께 _____이/가 들어서기 시작했다.

4) 내가 살고 있는 곳은 주변에 _____이/가 없어서 영화관에 가는 것이 불편하다.

2 다음 문장에 알맞은 것을 고르세요.

1) 도시는 공기가 (❶ 탁해서, ❷ 맑아서) 사람들의 건강에 안 좋다.

2) 요즘은 놀이터에 CCTV가 설치되어 있어서 아이들의 (❶ 흥미를, ❷ 안전을) 지킬 수 있다.

3) 우리 고향은 날씨가 따뜻해서 여러 가지 채소 (❶ 농사를, ❷ 건물을) 지을 수 있다.

4) 이 길은 사람들이 많이 지나가지 않는 (❶ 한적한, ❷ 복잡한) 길이다.

5) 우리 마을 근처에는 하천이 (❶ 자라고, ❷ 흐르고) 있다.

3 다음은 시설의 문제점입니다. 알맞은 시설을 연결하고 사람들이 뭐라고 했는지 쓰세요.

1) 놀이터 •

• ❶ 아이들이 놀 수 있는 공간이 너무 적은 것 같아요.
고천

2) 산책로 •

• ❷ 샤워를 하는 중간에 갑자기 차가운 물이 나와서 불편해요.
안젤라

3) 체육 센터 •

• ❸ 몇몇 주민들이 목줄도 없이 반려견과 다녀서 불안해요.
라흐만

1) 고천 씨가 _____에 _____ 했어요.

2) 라흐만 씨가 _____에서 _____ 했어요.

3) 안젤라 씨가 _____에서 _____ 했어요.

4 다음은 자신의 고향을 소개한 글입니다. 〈보기〉에서 알맞은 것을 골라 글을 완성하세요.

보기	자연 경관	건축물	평지

저는 호주 시드니에서 왔습니다. 시드니에는 호주를 대표하는 1) _____ 중 하나인 오페라 하우스도 있고 호주에서 제일 높은 시드니 타워도 있어 볼거리와 즐길 거리가 많습니다. 호주는

대부분의 땅이 2) _____ 이지만/지만 서쪽 지방으로 가면 높은

산이 이어져 있어서 아름다운 3) _____ 도 즐길 수 있습니다.

피동

1 다음 표를 완성하세요.

-이-		-히-		-리-		-기-	
보다	보이다	먹다		열다		끊다	
놓다		읽다		팔다		쫓다	
쓰다		닫다		걸다		안다	
쌓다		잡다		물다	물리다	감다	
바꾸다		막다		★듣다		찢다	

2 그림을 보고 〈보기〉와 같이 문장을 완성하세요.

보기

민수 씨가 노래를 들어요.

밖에서 <u>노랫소리가 들려요</u>.

1)

안젤라 씨가 문을 열어요.

바람이 불어서 _____.

2)

동생이 내 책을 찢었어요.

동생 때문에 _____.

3)

공사 중이라서 아저씨가 길을 막았어요.

공사 때문에 _____.

3 그림을 보고 〈보기〉와 같이 문장을 완성하세요.

> 보기
>
> → 아기가 엄마에게 안겼어요.

1) → _____.

2) → _____.

3) 잠시드 → _____.

4) → _____.

4 〈보기〉와 같이 대화를 완성하세요.

> 보기
>
> 가: 왜 전화를 갑자기 끊었어요?
>
> 나: 연결이 안 좋아서 저절로 끊겼어요.
> (끊다)

1) 가: 새로 이사한 집이 마음에 들어요?

   나: 네, 창문 밖으로 산이 _____ 경치가 정말 좋아요.
   (보다)

2) 가: 모두 기다리고 있는데 왜 아직도 안 와요?

   나: 길이 너무 _____ 늦을 것 같아요. 조금만 기다려 주세요.
   (막다)

3) 가: 안젤라 씨에게 전화했는데 다른 사람이 전화를 받았어요.

   나: 아마 휴대 전화를 새로 사면서 전화번호가 _____.
   (바꾸다)

4) 가: 요즘 사람들이 어떤 책을 많이 사요?

   나: 마음을 위로해 주는 책들이 많이 _____ .
   (팔다)

문법

동-자고 하다

1 그림을 보고 〈보기〉와 같이 대화를 완성하세요.

> 보기
>
> 주말에 같이 영화 보러 가요.
>
> 가: 후엔 씨가 뭐라고 했어요?
> 나: 후엔 씨가 <u>주말에 같이 영화 보러 가자고 했어요</u>.

1)

   우리 내년에 꼭 결혼해요.

   가: 남자 친구가 뭐라고 했어요?
   나: 남자 친구가 _____.

2)

   라민 씨가 고향에 돌아가니까 우리 같이 송별회를 해요.

   가: 선생님이 뭐라고 하셨어요?
   나: 선생님이 _____.

3)

   눈이 많이 쌓이면 같이 눈사람을 만들어요.

   가: 슬기가 뭐라고 했어요?
   나: 슬기가 _____.

4)

   한적하고 공기가 맑은 곳으로 이사를 갑시다.

   가: 이링 씨가 뭐라고 했어요?
   나: 이링 씨가 _____.

2 〈보기〉와 같이 대화를 완성하세요.

> 보기
>
> 가: 제이슨 씨가 아까 뭐라고 했어요?
> 나: 날씨가 좋으니까 <u>같이 산책하자고 했어요</u>.
>   (같이 산책해요)

1) 가: 라민 씨와 무슨 약속을 했어요?
   나: 수업 후에 _____.
              (도서관에서 같이 공부해요)

2) 가: 잠시드 씨와 무슨 이야기를 했어요?
   나: 잠시드 씨가 저한테 _____.
                     (축구 동호회에 같이 가요)

3) 가: 오늘 친구하고 안 만났어요?
   나: 제가 급한 일이 생겨서 친구한테 _____.
                               (다음에 만나요)

4) 가: 오늘 회의에서 무슨 이야기를 했어요?
   나: 사무실 환경을 위해서 사무실 안에서 _____.
                                  (음식을 먹지 맙시다)

Track 11

1 다음 대화를 듣고 빈칸에 알맞은 말을 쓰세요. 그리고 말해 보세요.

1) 가: 고천 씨, 이사 가기로 했어요?

나: 네, 출퇴근이 힘들어서 남편이 직장 근처로 _____.

2) 가: 아이가 밖으로 _____ 동네에 놀 만한 곳이 있나요?

나: 근처에 놀이터가 있으니까 한번 가 보세요.

3) 가: 휴가 기간 동안 무슨 계획 있으세요?

나: 오랜만에 시골 부모님 댁에 가려고 해요.

가: 시골에 가면 새소리도 _____.

Track 12

2 다음 대화를 듣고 물음에 답하세요.

1) 두 사람은 무엇에 대해 이야기합니까?

_____

2) 들은 내용과 같으면 ○, 다르면 X 하세요.

❶ 고천 씨가 이사를 간 곳은 학교가 멀리 있다. ( )

❷ 고천 씨는 새소리가 들리는 곳으로 이사했다. ( )

❸ 고천 씨의 친구는 큰 마트나 시장이 있는 곳에서 살고 싶어한다. ( )

1 다음은 아파트 광고입니다. 글을 읽고 내용과 같으면 ○, 다르면 X 하세요.

복잡한 도시를 떠나 조용하고 편안한
주거 환경으로 여러분을 모십니다.

단지 옆으로 흐르는 맑은 강,
가까운 공원 산책로,
5분 거리의 지하철역,
편리한 교통과 어린이들을 위한
다양한 교육 시설까지!

문의 02-1544-5678

1) 이 아파트는 주변 환경이 조금 복잡하다.   (   )

2) 이 아파트는 근처 공원에서 산책할 수 있다.   (   )

3) 아파트에서 지하철역까지 거리가 멀다.   (   )

2 다음은 자신의 고향을 소개한 글입니다. 글을 읽고 물음에 답하세요.

제 고향은 중국 후난성입니다. 작년에 한국에 와서 지금 면세점에서 일하고 있습니다. 후난성은 중국의 남동쪽에 있고 여러 하천이 있어 경치가 정말 좋은 곳입니다. 후난성에는 장가계라는 곳이 있는데 영화 '아바타'의 촬영지로 유명합니다. 장가계에 가면 아름다운 호수와 오염되지 않은 깨끗한 자연 풍경을 볼 수 있습니다. 게다가 오래된 건축물도 많아서 중국의 옛날 문화를 느낄 수 있습니다.

1) 이 사람의 고향은 어디입니까?

_____

2) 윗글의 내용과 같은 것을 고르세요.

❶ 이 사람은 중국에서 살다가 한국에 왔다.

❷ 이 사람의 고향에서 영화 촬영을 자주 한다.

❸ 이 사람의 고향에서 호수를 구경할 수 없다.

1 라민이 고향을 소개한 글입니다. 메모를 참고하여 글을 완성하세요.

지역 이름	이집트 카이로
계절과 날씨	- 사계절 내내 더운 편이다. - 비가 많이 오지 않아 건조하다.
주변 환경	- 사막이 있어서 공기가 좋지 않다. - 창문 밖으로 아름답고 한적한 나일강의 풍경이 보인다.

저는 지난봄에 이집트 카이로에서 한국에 유학을 와서 지금 대학교에서 공부하고

있습니다. 제 고향 카이로의 날씨는 **1)**   . 그리고

2)   . 근처에 사막이 있어서 공기가 좋지 않지만

3)   .

제가 지금 살고 있는 곳은 서울입니다. 서울은 건물이 많아서 복잡합니다. 하지만

이집트와는 다르게 사계절이 뚜렷해서 다양한 자연 경관을 즐길 수 있습니다. 특히

겨울에는 길에 쌓이는 눈을 볼 수 있어서 좋습니다.

7과 문화생활

어휘

1 〈보기〉에서 알맞은 것을 골라 문장을 완성하세요.

> **보기**   뮤지컬   전시회   연주회   연극   사물놀이   토크 콘서트

1) 다음 달에 네 가지 한국의 전통 악기로 다양한 장단을 연주하는 _____을/를 볼 것이다.

2) 배우들이 무대에서 노래하고 연기도 하는 _____을/를 관람하고 싶다.

3) 친구와 함께 오랜만에 피아노 _____을/를 다녀왔다.

4) 서울 역사 박물관에서는 서울의 옛날 사진 _____이/가 열리고 있다.

5) _____은/는 영화와는 다르게 배우가 직접 무대에서 연기하기 때문에 감동이 더 크다.

2 다음 문장에 알맞은 것을 고르세요.

1) 회사 동료들과 함께 올림픽 공원에 BTS 공연을 (❶ 관람하러, ❷ 경기하러) 갔다.

2) 나는 고등학교 때 악기를 (❶ 연기하는, ❷ 연주하는) 동아리에서 활동했다.

3) 지난주에 끝난 드라마에서 가장 기억에 (❶ 남는, ❷ 듣는) 장면은 주인공의 이별 장면이다.

4) 그 뮤지컬 배우에 대해 더 알고 싶어서 인터넷에서 정보를 (❶ 검색했다, ❷ 제공했다).

5) 다음 달에 열리는 사진 전시회를 보려면 미리 티켓을 (❶ 예약해야, ❷ 예매해야) 한다.

3 〈보기〉에서 알맞은 것을 골라 문장을 완성하세요.

| 보기 | 관람 연령 | 할인 | 공연 시간 | 공연 장소 | 예약 번호 | 제목 |

연극 **지하철 2호선**

일시: 20XX년 10월 30일 20:00   **예약 번호:** T098739   **좌석**

장소: 대학로 한국홀 4관   **예매 일시:** 20XX년 10월 27일 16:30   **1층 12열 9번**

※ 유의 사항

1. 만 7세 미만의 어린이는 입장할 수 없습니다.
2. 공연 시작 후에는 입장이 제한되니 10분 전까지 입장해 주십시오.
3. 티켓 예매 취소 시 예약 번호를 알려 주시기 바랍니다.
4. 인터넷 예매 시 5% 할인됩니다.   **문의:** 1544-1234

---

1) 이 연극의 _____은/는 지하철 2호선이다.

2) 이 연극의 _____은/는 대학로에 있다.

3) 이 연극의 _____은/는 만 7세 이상이다.

4) 이 연극을 인터넷으로 예매하면 _____을/를 받을 수 있다.

5) 티켓 예매를 취소하려면 _____을/를 알아야 한다.

4 〈보기〉에서 알맞은 것을 골라 글을 완성하세요.

| 보기 | 관람 | 무대 | 좌석 | 기대 |

지난달에 친구들과 비보이 공연을 보고 왔다. 이 공연은 한국뿐만 아니라 외국에서도 유명해서 보러 가기 전부터 **1)** _____이/가 되었다. 우리는 **2)** _____ 바로 앞에서 봤는데 배우들의 얼굴까지 볼 수 있어서 정말 좋았다. 비보이의 춤이 정말 인상적이어서 **3)** _____이/가 끝난 후에는 나도 춤을 배우고 싶다는 생각이 들었다. 다음에는 난타 공연도 보러 가고 싶다.

동 -으라고 하다 / 동 형 -냐고 하다

① 다음 표를 완성하세요.

기본형	-으라고/라고 하다	-냐고 하다		
		-냐고 하다	-았/었냐고 하다	-을/ㄹ 거냐고 하다
오다			왔냐고 하다	
찾다	찾으라고 하다			
싸다	*	싸냐고 하다		*
좋다	*			*
★듣다				
★만들다				만들 거냐고 하다
★돕다				

② 그림을 보고 〈보기〉와 같이 대화를 완성하세요.

보기

집에 올 때 우유 좀 사 와.

가: 왜 우유를 사?

나: 엄마가 집에 올 때 우유를 <u>사 오라고 하셨어</u>.

1)

자주 연락해.

가: 어머니가 전화로 뭐라고 하셨어요?

나: _____.

2)

수업에 늦지 마세요.

가: 왜 이렇게 일찍 왔어요?

나: 선생님께서 _____.

3)

밖에 비가 와요?

가: 잠시드 씨가 뭐라고 물어봤어요?

나: _____.

4)

어제 본 공연 재미있었어요?

가: 제이슨 씨가 뭐라고 했어요?

나: 어제 본 공연이 _____.

3 그림을 보고 〈보기〉와 같이 대화를 완성하세요.

> **보기**
>
> 잠시드 씨, 볼펜 좀 빌려주세요.
>
> 가: 제이슨 씨가 뭐라고 말했어요?
> 나: 볼펜 좀 빌려 달라고 했어요.

1)
라흐만 씨, 오늘 저녁에 전화 좀 해 주세요.

가: 반장님이 뭐라고 하셨어요?
나: _____.

2)
내일 아침까지 상품을 정리하세요.

가: 이링 씨가 뭐라고 해요?
나: _____.

3)
할머니께 사과 좀 갖다드려.

가: 후엔 씨가 딸한테 뭐라고 말했어요?
나: _____.

4)
이 서류를 잠시드 씨에게 전해 주세요.

가: 팀장님이 뭐라고 하셨어요?
나: _____.

4 〈보기〉와 같이 대화를 완성하세요.

> **보기**
>
> 가: 고향 친구가 아까 전화로 뭐라고 물었어요?
> 나: 요즘 한국 날씨가 좋냐고 물어봤어요. (요즘 한국 날씨가 좋아요?)

1) 가: 선생님께 뭘 여쭤봤어요?

　　나: _____ 여쭤봤어요. (몇 시까지 시험을 봐요?)

2) 가: 한국 사람들이 처음 만났을 때 무슨 질문을 많이 해요?

　　나: _____ 많이 물어봐요. (어느 나라에서 왔어요?)

3) 가: 과장님께 _____ 물어보세요. (회의가 몇 시예요?)

　　나: 네, 알겠어요.

4) 가: 방금 수진 씨하고 무슨 이야기를 했어요?

　　나: 수진 씨가 저한테 _____ 물었어요. (이번 주말에 뭐 할 거예요?)

명 만큼

1 그림을 보고 〈보기〉와 같이 대화를 완성하세요.

보기

가: 후엔 씨 고향도 겨울에 추워요?

나: 네, <u>서울만큼 추워요</u>. (서울)

1)

고천
168cm

언니
169cm

가: 고천 씨 언니도 키가 커요?

나: 네, _____. (저)

2)

지난번 집
115m²

이사한 집
113m²

가: 새로 이사한 집이 넓어요?

나: 네, _____. (지난번 집)

3)

가: 민수 씨, 요리를 잘해요?

나: 네, _____. (아내)

4)

가: 라민 씨가 요즘 공부 열심히 해요?

나: 네, _____. (게임을 하는 것)

2 관계있는 것을 연결하고 문장을 완성하세요.

1) 방이 손바닥만큼 • • ❶ 사랑하다

2) 부모님은 나를 하늘만큼 땅만큼 • • ❷ 넓다

3) 마음이 바다만큼 • • ❸ 작다

1) <u>방이 손바닥만큼 작아요</u>. 그래서 넓은 집으로 이사할 계획이에요.

2) 부모님은 나를 _____.

3) 그 사람의 마음이 _____.

Track 13

1 다음 대화를 듣고 빈칸에 알맞은 말을 쓰세요. 그리고 말해 보세요.

1) 가: 내일 우리 어디에서 만나는지 알아요?

　　나: 얘기를 들었는데 기억이 안 나요.

　　　잠시드 씨에게 전화해서 _____ 물어봐야겠어요.

2) 가: 한국어를 정말 잘하네요. 한국어를 공부한 지 얼마나 됐어요?

　　나: _____. 이제 공부한 지 1년 되었어요.

3) 가: 다음 주에 라민 씨와 _____?

　　나: 네, 내일 라민 씨가 예매하기로 했어요.

　　가: 라민 씨에게 티켓을 _____ 하세요. 벌써 표가 많이 없대요.

Track 14

2 다음 대화를 듣고 물음에 답하세요.

1) 두 사람은 무엇에 대해 이야기합니까?

　　_____

2) 들은 내용과 같으면 ○, 다르면 X 하세요.

　❶ 성민은 난타 공연이 보고 싶다. 　　　　　(　　　)

　❷ 지수는 작년에 난타 공연을 봤다. 　　　　(　　　)

　❸ 이번 연주회에서는 국악기 연주를 들을 수 있다. 　(　　　)

1 다음을 읽고 읽은 내용과 같으면 ○, 다르면 ✕ 하세요.

오페라의 유령	뮤지컬 / 8세 이상 / 150분

오페라의 유령

기간 202X. 10. 09.~202X. 12. 30.
장소 예술의전당 대공연장
시간 금 19:30
　　　토 14:00, 19:00
　　　일 16:00

관람평

정말 재미있게 관람했습니다. 꼭 보세요.

배우 분들의 노래와 연기가 정말 감동적이었어요!!

기대한 것만큼 정말 재미있게 관람한 뮤지컬이에요.

1) 이 뮤지컬은 매일 같은 시간에 공연된다. 　　(　　)

2) 이 뮤지컬은 8살부터 볼 수 있다. 　　(　　)

3) 이 공연은 본 사람들이 기대보다 재미없다고 했다. 　　(　　)

2 다음은 뮤지컬에 대한 감상평입니다. 글을 읽고 물음에 답하세요.

　　지난 주말에 예술의전당 대공연장에서 뮤지컬 '오페라의 유령'을 관람했습니다. '오페라의 유령'은 좋은 목소리를 가졌지만 사고로 얼굴이 다친 신사가 젊은 오페라 가수를 사랑하는 이야기입니다. 앞좌석을 예매해서 배우들의 연기, 오케스트라의 연주 등 모든 것을 가까이에서 볼 수 있었습니다. 영화로도 재미있게 봤는데 영화만큼 뮤지컬도 정말 좋았습니다. 그리고 뮤지컬의 주인공이 너무 불쌍해서 "나라면 저 상황에서 어떻게 했을까?"라는 생각이 들었습니다. 감동적인 공연이니까 많은 사람들이 관람했으면 좋겠습니다.

1) 무슨 공연에 대한 이야기입니까?

_____

2) 윗글의 내용과 같은 것을 고르세요.

❶ 이 사람은 뮤지컬 '오페라의 유령'을 공연했다.

❷ '오페라의 유령'은 뮤지컬이 영화보다 더 재미있다.

❸ 이 글을 쓴 사람은 무대 가까이에서 공연을 관람했다.

다음은 연극을 보고 쓴 글입니다. 메모를 참고하여 글을 완성하세요.

공연 제목	옥탑방
공연 장소	대학로 한국홀
공연 내용	여자와 남자 주인공이 갑자기 같은 옥탑방에 살게 되면서 일어나는 이야기
느낀 점	- 기대만큼 재미있었다. - 배우의 연기를 눈앞에서 직접 볼 수 있어서 좋았다.

지난주에 친구들과 연극 공연을 관람했다. 나는 연극을 좋아하는 편은 아닌데 친구들이 이 연극은 꼭 봐야 한다고 해서 같이 가게 됐다. 옥탑방이라는 공연인데

1)   에서 관람했다. 이 연극의 내용은 2)

                                               이야기이다.

친구들한테서 관람평이 좋다고 들어서 기대를 했는데 정말 3)

재미있었다. 그리고 우리는 앞좌석에 앉았기 때문에 4)

                              . 학생들도 볼만한 연극이라서

주위 친구들에게 한번 가 보라고 추천하고 싶다.

어휘

 〈보기〉에서 알맞은 것을 골라 문장을 완성하세요.

| 보기 | 튀기다 | 다지다 | 삶다 | 끓이다 | 찌다 |

1) 소화가 안 될 때는 맵고 짠 음식이나 기름에 _____ 음식을 피해야 한다.

2) 우리 집은 미역국을 _____ 때 소고기 대신 해산물을 넣는다.

3) 계란을 뜨거운 물에 너무 오래 _____ 껍질이 터진다.

4) 어머니께서는 구운 만두보다는 찜기로 _____ 만두를 더 좋아하신다.

5) 간장에 고춧가루, 참기름, _____ 마늘을 넣고 양념을 만들었다.

2 **다음 문장에 알맞은 것을 고르세요.**

1) 야채를 오랫동안 물에 (❶ 데치면, ❷ 튀기면) 색이 변하고 맛도 없어진다.

2) 새콤한 양념에 (❶ 무친, ❷ 뿌린) 나물 반찬이 입맛에 맞았다.

3) 김치를 칼로 (❶ 씻어서, ❷ 썰어서) 그릇에 담았다.

4) 생선을 불에 (❶ 구워서, ❷ 절여서) 먹을 때는 타지 않게 조심해야 한다.

5) 바나나의 껍질을 (❶ 볶으면, ❷ 벗기면) 금방 색이 변하기 때문에 빨리 먹는 것이 좋다.

3 다음은 야채볶음밥의 요리 방법입니다. 〈보기〉에서 알맞은 것을 골라 문장을 완성하세요.

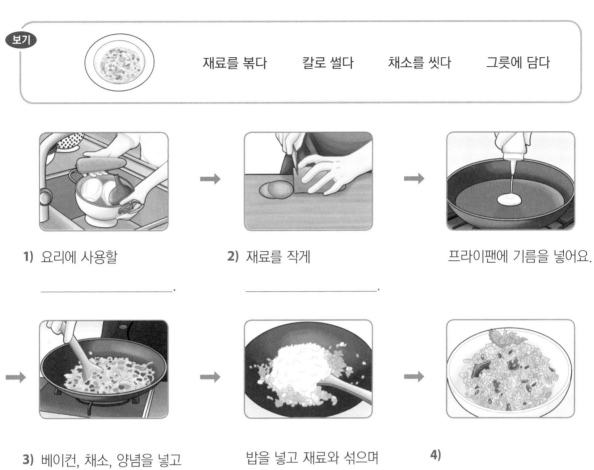

보기 　재료를 볶다　　칼로 썰다　　채소를 씻다　　그릇에 담다

1) 요리에 사용할

_____.

2) 재료를 작게

_____.

프라이팬에 기름을 넣어요.

3) 베이컨, 채소, 양념을 넣고
모든 _____.

밥을 넣고 재료와 섞으며
볶아요.

4)

_____.

4 〈보기〉에서 알맞은 것을 골라 문장을 완성하세요.

보기　　채를 썰다　　　간을 맞추다　　　설탕에 절이다　　　후추를 뿌리다

1) 국이 싱거워서 간장을 넣어 _____.

2) 완성된 볶음밥 위에 _____ 맛을 더했다.

3) 잡채에 넣을 여러 가지 야채를 가늘게 _____ 기름에 볶았다.

4) 레몬을 _____ 차로 만들어 마시면 목감기에 좋다.

사동 ①

1 다음 표를 완성하세요.

-이-		-히-		-리-	
먹다	먹이다	입다		살다	
끓다		앉다		얼다	
붙다		눕다		울다	
보다		읽다	읽히다	날다	
죽다		익다		알다	
높다		넓다		놀다	

-기-		-우-		-추-	
신다		타다	태우다	맞다	
남다		깨다		낮다	
감다		돋다		늦다	
맡다	맡기다	자다			
웃다		쓰다			
안다		서다			

2 그림을 보고 〈보기〉와 같이 문장을 완성하세요.

보기

큰 소리로 읽으세요.

(선생님, 학생들, 책, 읽다)
➡ <u>선생님이 학생들에게 책을 읽혀요</u>.

1)

(슬기, 인형, 예쁜 옷, 입다)
➡ _____.

2)

(엄마, 아이, 밥, 먹다)

➡ _____.

3)

(제이슨, 안젤라, 가방, 맡다)

➡ _____.

4)

(부모님, 라흐만, 고향 소식, 알다)

➡ _____.

3 그림을 보고 〈보기〉와 같이 문장을 완성하세요.

보기
준비가 끝났어요!
엄마가 아기를 유모차에 태워요.

보기 엄마가 아기에게 양말을 신겨요.

1) _____.

2) _____.

준비가 끝났어요. 엄마가 아기를 유모차에 태워요.

3) _____.

4) _____.

사동 ②

1 〈보기〉와 같이 문장을 완성하세요.

> **보기** 학생이 의자에 앉아요. ➡ 선생님이 <u>학생을 의자에 앉혀요.</u>

1) 아기가 자요. ➡ 엄마가 _____.

2) 환자가 살았어요. ➡ 의사가 _____.

3) 김치찌개가 끓어요. ➡ 민수 씨가 _____.

4) 음식의 간이 맞아요. ➡ 요리사가 _____.

2 그림을 보고 〈보기〉와 같이 문장을 완성하세요.

> **보기** 제이슨 씨가 애나 씨를 자동차에 태워요.

1)

라민 씨가 _____

2)

성민이가 _____

3)

이링 씨가 _____

3 그림을 보고 〈보기〉와 같이 대화를 완성하세요.

> **보기**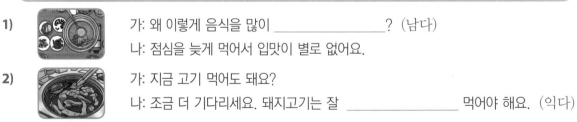
> 가: 지금 뭐해요?
> 나: 식사 시간이 되어서 김치찌개를 <u>끓이고 있어요.</u> (끓다)

1)
가: 왜 이렇게 음식을 많이 _____? (남다)
나: 점심을 늦게 먹어서 입맛이 별로 없어요.

2)
가: 지금 고기 먹어도 돼요?
나: 조금 더 기다리세요. 돼지고기는 잘 _____ 먹어야 해요. (익다)

3)
가: 동생이 왜 울어요?
나: 제가 심하게 장난쳐서 동생을 _____. (울다)

4)
가: 회의 시간인데 아직 시작을 안 했네요.
나: 과장님께서 회의 시간을 30분 _____. (늦다)

Track 15

1 다음 대화를 듣고 빈칸에 알맞은 말을 쓰세요. 그리고 말해 보세요.

1) 가: 음악 소리가 너무 큰데 좀 _____?

   나: 네, 죄송합니다.

2) 가: 우와! 이 샐러드 정말 맛있네요. 무슨 양념을 사용했어요?

   나: 레몬, 식초, 간장을 섞어서 양념을 만들고 _____.

   더 남았으니까 많이 드세요.

3) 가: 야채죽을 만들려고 하는데 요리 방법을 모르겠어요.

   나: 먼저 밥에 물과 야채를 넣고 큰 야채가 _____.

Track 16

2 다음 대화를 듣고 물음에 답하세요.

1) 두 사람은 무엇에 대해 이야기합니까?

   _____

2) 들은 내용과 다른 것을 고르세요.

   ❶ 남자는 이 음식을 만들 줄 안다.

   ❷ 남자는 밖에서 먹는 음식을 좋아한다.

   ❸ 이 음식을 만드는 방법은 어렵지 않다.

1 다음을 읽고 읽은 내용과 같으면 ○, 다르면 ✕ 하세요.

> ### 간단하게 즐기는 여름 별미, 비빔국수!
>
> * 재　료: 국수, 대파, 양파, 고추장, 다진 마늘, 간장, 후추, 설탕, 식초
> * 요리 방법:
>
> 1) 냄비에 국수를 4분 정도 넣고 끓이세요.
> 2) 끓인 국수를 얼음물에 잠시 담그세요.
> 3) 대파와 양파를 작게 썰고 다진 마늘, 후추, 설탕, 물, 간장,
> 　　고추장, 식초를 함께 섞어서 양념을 만드세요.
> 4) 재료를 그릇에 모두 담으면 완성!

1) 이 음식은 여름에 즐겨 먹는 음식이다.　　（　　　）

2) 이 음식에는 고추장이 들어간다.　　（　　　）

3) 국수를 얼음물에 담그면 더 맛있어진다.　　（　　　）

2 다음은 요리 방법에 대한 질문과 답변입니다. 글을 읽고 물음에 답하세요.

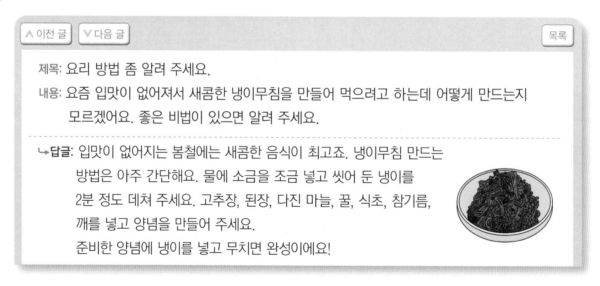

> ∧ 이전 글　∨ 다음 글　　　　　　　　　　　　　　　　목록
>
> 제목: 요리 방법 좀 알려 주세요.
> 내용: 요즘 입맛이 없어져서 새콤한 냉이무침을 만들어 먹으려고 하는데 어떻게 만드는지
> 　　　모르겠어요. 좋은 비법이 있으면 알려 주세요.
>
> ↳답글: 입맛이 없어지는 봄철에는 새콤한 음식이 최고죠. 냉이무침 만드는
> 　　　방법은 아주 간단해요. 물에 소금을 조금 넣고 씻어 둔 냉이를
> 　　　2분 정도 데쳐 주세요. 고추장, 된장, 다진 마늘, 꿀, 식초, 참기름,
> 　　　깨를 넣고 양념을 만들어 주세요.
> 　　　준비한 양념에 냉이를 넣고 무치면 완성이에요!

1) 무슨 요리 방법에 대한 이야기입니까?

　　_____

2) 윗글의 내용과 같은 것을 고르세요.

　　❶ 질문자는 다이어트 음식을 알고 싶다.

　　❷ 냉이무침을 만드는 방법은 어렵지 않다.

　　❸ 양념에 무치기 전에 냉이를 볶아야 한다.

1 다음은 이링 씨가 고향 음식 만드는 방법을 소개한 글입니다. 메모를 참고하여 글을 완성하세요.

<메모>	
음식 이름	마파두부
재료	두부, 양파, 대파, 돼지고기 된장, 고춧가루, 고추장, 후추, 참기름, 물, 굴소스
요리 방법	① 야채와 두부를 먹기 좋은 크기로 썰어 놓는다. ② 돼지고기를 다진다. ③ 프라이팬에 대파와 고기를 넣고 볶는다. ④ 된장, 고춧가루, 고추장, 후추, 굴소스로 양념을 만든다. ⑤ 만든 양념을 물, 두부와 함께 프라이팬에 넣어 간을 맞춘다. ⑥ 참기름을 조금 뿌린다.

　　제 고향 베이징은 유명한 음식이 많습니다. 그중에서 요리 방법이 간단하고 맛있는

1)   를 소개하겠습니다. 두부, 양파, 대파, 돼지고기, 된장, 고춧가루,

고추장, 후추, 참기름, 물, 굴소스를 준비합니다. 준비한 재료들을 먹기 좋은 크기로 썰고

돼지고기도 작게 다집니다. 그리고 2)   .

재료를 볶는 동안 된장, 고춧가루, 고추장, 후추, 굴소스로 맛있는 양념을 만듭니다.

고기가 다 익으면 만든 양념을 3)   .

접시에 요리를 담기 전에 4)   더 맛있게 즐길

수 있습니다.

9과 고장과 수리

어휘

1 〈보기〉에서 알맞은 것을 골라 문장을 완성하세요.

> **보기** 가스불   액정   변기   전등   전원

1) 거실 _____이/가 나가서 갈아야 돼요.

2) 이메일을 보내야 하는데 컴퓨터 _____이/가 안 켜져요.

3) 뛰어가다가 휴대 전화를 떨어뜨려서 _____이/가 깨졌어요.

4) 친구들을 초대했는데_____이/가 안 들어와서 요리를 못 했어요.

5) _____이/가 막혀서 오늘은 화장실을 사용할 수 없어요.

2 그림을 보고 문장을 완성하세요.

> **보기**  노트북 <u>부팅이 안 돼서</u> 보고서를 못 썼어요.

1)  오늘 _____ 샤워를 못 했어요.

2)  열쇠가 안에 있는데 _____.

3)  비가 많이 오는 날에는 창문 주변 벽에서 _____.

4)  엘리베이터에서는 _____.

3 〈보기〉에서 알맞은 것을 골라 대화를 완성하세요.

| 보기 | 문의 | 출장 서비스 | 무상 수리 | 서비스 센터 | 고장 |

1) 가: 휴대 전화 액정이 깨졌는데 어떻게 해야 돼요?

　나: 가까운 _____에 방문해 주십시오.

2) 가: 냉장고 산 지 1년도 안 됐는데 수리 비용을 내야 하나요?

　나: 구입하신 지 1년이 안 지났으면 _____이/가 가능합니다.

3) 가: 노트북에 문제가 생겨서 _____을/를 좀 하고 싶은데요.

　나: 어떤 문제인지 말씀해 주시면 안내해 드리겠습니다.

4) 가: 텔레비전 화면이 안 나와서 _____을/를 신청하려고 하는데요.

　나: 네, 고객님. 먼저 모델명을 말씀해 주시겠습니까?

4 관계있는 것을 연결하세요.

1) 가스불이 안 들어와요. ・ ・ ❶ 플러그를 뽑았다 다시 꽂아 보세요.

2) 휴대 전화 속도가 느려요. ・ ・ ❷ 온도를 확인하고 좀 더 낮춰 보세요.

3) 변기에 물이 잘 안 내려가요. ・ ・ ❸ 밸브를 열었는지 확인해 보세요.

4) 냉동실의 음식이 자꾸 녹아요. ・ ・ ❹ 불필요한 데이터를 삭제해 보세요.

5) 텔레비전 전원이 안 켜져요. ・ ・ ❺ 펌프질을 해 보세요.

동 형 -어서 그런지

1 다음 표를 완성하세요.

기본형	-아서 그런지/어서 그런지	기본형	-아서 그런지/어서 그런지
높다	높아서 그런지	넓다	
켜다		조용하다	조용해서 그런지
막히다		낮추다	
학생이다		이민자이다	
★잠그다		★낫다	
★다르다		★예쁘다	
★어렵다		★하얗다	

2 〈보기〉와 같이 문장을 완성하세요.

> 보기
>
> 아침을 늦게 먹어서 그런지 아직 배가 안 고프다.
>   (먹다)

1) 안젤라 씨는 한국 친구가 _____ 한국어 발음이 자연스럽다.
                             (많다)

2) 휴대 전화를 산 지 _____ 배터리가 빨리 닳는다.
                        (오래되다)

3) 이 집은 지하철역과 _____ 월세가 비싼 편이다.
                          (가깝다)

4) 요즘 잠시드 씨는 회사 일이 _____ 연락이 잘 안 된다.
                        (바쁘다)

3 그림을 보고 대화를 완성하세요.

가: 비가 와서 그런지 인터넷이 자꾸 끊기네요.

나: 네, 제 휴대 전화 와이파이 연결도 안 돼요.

1)

가: 오늘 버스에 왜 이렇게 사람이 많아요?

나: _____ 평소보다 사람이 많네요.

2)

가: 어제 잠을 못 잤어요?

나: _____ 잠이 안 와서 늦게까지 못 잤어요.

3)

가: _____ 컴퓨터 속도가 많이 느려졌어요.

나: 출장 서비스를 신청해서 점검을 받아 보세요.

4)

가: 저는 _____ 형제자매가 많은 집을 보면 부러워요.

나: 저도 형제자매가 많았으면 좋겠어요.

동-나요? / 형-은가요?

1 다음 표를 완성하세요.

기본형	-나요?	기본형	-은가요?/ㄴ가요?
나오다	나오나요?	나쁘다	
받다		피곤하다	
고치다		좋다	
부르다		괜찮다	
먹다		적다	적은가요?
웃다		★멀다	
듣다		★빨갛다	
★열다		★춥다	

2 〈보기〉와 같이 문장을 완성하세요.

> 보기
>
> 한국과 고향의 물가가 <u>비슷한가요</u>?
> (비슷하다)

1) 집에서 회사까지 거리가 _____?
   (멀다)

2) 새로 이사 가는 집은 지금 사는 집보다 방이 _____?
   (넓다)

3) 구청에 가려면 몇 번 버스를 _____?
   (타다)

4) 아나이스 씨는 고향이 _____?
   (어디이다)

3 〈보기〉와 같이 대화를 완성하세요.

> 보기
>
> 가: 요즘 도서관에 <u>사람이 많은가요</u>? (사람이 많다)
> 나: 네, 다음 주부터 시험 기간이어서 사람이 많아요.

1) 가: 한 달에 _____? (책을 몇 권 정도 읽다)
   나: 요즘은 바빠서 책을 많이 못 읽어요.

2) 가: 지금 제일 _____? (보고 싶은 사람이 누구이다)
   나: 고향에 계시는 부모님이 제일 보고 싶어요.

3) 가: 회사에 갈 때 _____? (무엇을 타고 다니다)
   나: 저는 버스를 두 번 타고 회사에 가요.

4) 가: 가족이 한국에 오면 _____? (어디에 가고 싶다)
   나: 부산에 같이 가고 싶어요.

5) 가: 어떻게 _____? (한국인 친구들을 사귀다)
   나: 저는 동호회나 모임에 참석해서 친구들을 많이 사귀었어요.

Track 17

1 다음 대화를 듣고 빈칸에 알맞은 말을 쓰세요. 그리고 말해 보세요.

1) 가: 평소에 _____ 귀에서 이상한 소리가 나요.

　　나: 소리를 너무 크게 들으면 귀에 안 좋아요.

　　가: 네, 앞으로는 조심해야겠어요.

2) 가: 건강한 생활을 하려면 _____?

　　나: 식사와 운동을 규칙적으로 하는 게 가장 중요합니다.

3) 가: 어떤 문제 때문에 방문하셨나요?

　　나: 휴대 전화를 떨어뜨렸는데 _____ 왔어요.

　　가: 네, 제가 잠시 살펴보겠습니다.

Track 18

2 다음 대화를 듣고 물음에 답하세요.

1) 이 집에 무슨 문제가 생겼습니까?

_____

2) 들은 내용과 같으면 ○, 다르면 X 하세요.

❶ 라민 씨는 펌프질을 여러 번 했다. 　　(　　)

❷ 라민 씨는 하수구가 막혀서 세제를 부었다. 　　(　　)

❸ 라민 씨는 수리하는 곳에 전화를 하려고 한다. 　　(　　)

1 다음을 읽고 읽은 내용과 같으면 ○, 다르면 X 하세요.

> ### 제품 사용 설명서
> 안전을 위한 주의 사항
> ☑ 플러그를 안쪽 끝까지 정확히 꽂아 주세요.
> ☑ 플러그를 뽑을 때나 꽂을 때 젖은 손으로 만지지 마세요.
> ☑ 제품 설치 시 바람이 안 통하는 좁은 공간에 설치하지 마세요.
> ☑ 힘을 주어 제품을 밀거나 기울여서 움직이지 마세요.
> ☑ 제품 위에 무거운 물건이나 어린이가 좋아하는 장난감, 과자 등을 놓지 마세요.
> ☑ 제품에서 타는 냄새가 나면 즉시 플러그를 뽑고 서비스 센터로 연락하세요.

1) 이 제품은 벽에 가까이 설치해야 한다.　　　　　　(　　)

2) 제품 위에 물건을 놓지 않는 것이 좋다.　　　　　　(　　)

3) 제품에서 타는 냄새가 나면 빨리 플러그를 뽑아야 한다.　(　　)

2 다음은 전자 제품 사용에 대한 글입니다. 글을 읽고 물음에 답하세요.

> 한 번 구입하면 10년 정도 사용하는 전자 제품, 어떻게 하면 고장 없이 남들보다 더 오래 사용할 수 있을까?
>
> 텔레비전은 내부에서 생기는 열이 잘 빠지는 것이 중요하다. 따라서 좁은 공간이나 벽에 너무 가까이 설치하는 것보다 여유 있는 공간에 설치하는 것이 좋다. 그리고 화면의 먼지는 마른 수건으로 닦아야 한다.
> 세탁기는 너무 많은 빨래를 넣어서 사용하면 빨리 고장이 나기 때문에 세탁물의 용량을 잘 지켜야 한다. 세탁 후에는 문을 열어 내부를 건조시켜 주는 것이 좋다.
> 우리가 먹는 음식과 관계가 있는 냉장고는 내부가 가득 차면 고장 나기 쉬우니 정기적으로 냉장고를 정리하는 것이 좋다. 또한 냉장고 문을 자주 열고 닫는 것도 수명이 짧아지는 원인 중의 하나이니 유의하자.

1) 무엇에 대한 글입니까?

❶ 전자 제품 관리 방법　　❷ 전자 제품 수리 방법　　❸ 전자 제품 설치 방법

2) 윗글의 내용과 같은 것을 고르세요.

❶ 텔레비전은 벽에 붙여서 설치해야 한다.

❷ 세탁기는 사용 후에 문을 열어 건조시켜야 한다.

❸ 냉장고 문을 자주 열고 닫으면 냄새가 나지 않아서 좋다.

다음은 전자 제품 고장에 대해 문의한 글입니다. 메모를 참고하여 글을 완성하세요.

제품	냉장고
문제가 나타난 시기	거실에 있는 냉장고를 방으로 옮겨서 사용한 후부터
문제점	- 냉동이 잘 안 된다, 온도는 -20℃로 표시됐는데 음식이 계속 녹는다. - 문을 열고 닫을 때마다 소리가 난다.
알고 싶은 것	- 수리를 받아야 하나? - 수리 비용은 얼마 정도인가?

○○ 서비스 센터   ◀ ▶   로그인 | 회원 가입 | 마이 페이지

제품 모델명

[   ]   모델명 확인 방법

모델명을 입력하시면 좀 더 정확한 답변을 받으실 수 있습니다.

성명	
이메일	
진행 사항 안내	☐ 문자 메시지(SMS) 수신 ☑ 이메일 수신
제목	냉장고 문의
내용	안녕하세요. 구입한 지 10년 정도 된 냉장고를 사용 중인데 갑자기 냉동이 잘 안 되고 이상한 소리가 납니다. 거실에 있는 냉장고를 방으로 옮겨서 사용하고 있는데 잘못 옮겨서 그런지 그때부터 1) _____. 온도는 -20℃로 표시됐는데 2) _____. 냉동실 안에 있는 물건을 다 빼서 정리해 봤지만 그래도 마찬가지입니다. 그리고 3) _____ 소리도 나는데 이런 경우에 수리를 받아야 하나요? 수리를 받아야 하면 4) _____? 답변 부탁드립니다.
첨부 파일	+ 추가

[등록]   [취소]

10과 취업

어휘

1 〈보기〉에서 알맞은 것을 골라 문장을 완성하세요.

> **보기** 아르바이트   다문화 언어 강사   통역   가게

1) 저는 한국어와 베트남어를 모두 할 수 있으니까 _____이/가 돼서 한국에서 베트남 학생들에게 한국어와 베트남어를 가르치고 싶어요.

2) 저는 요리를 잘해서 5년 후쯤 _____을/를 차릴 거예요.

3) 학교에 다니면서 일할 수 있는 _____을/를 찾고 있어요. 카페나 편의점에서 일했으면 좋겠어요.

4) 나중에 전문적으로 _____ 일을 하고 싶어서 통번역 대학원에 진학할 생각이에요.

2 관계있는 것을 연결하세요.

1) 사회에 기여할 수 있는 회사   ·

2) 출퇴근이 자유로운 회사   ·

3) 안정적인 회사   ·

4) 자기 계발을 할 수 있는 회사   ·

❶ 이 회사는 대부분의 직원들이 20, 30년 동안 근무하고 회사에서 직원을 해고하지 않는대요.

❷ 우리 회사에서는 어린 학생들이나 노인분들에게 도움을 주는 사업을 하고 있습니다.

❸ 우리 회사는 출퇴근 시간을 제가 정할 수 있어요. 저는 요즘 보통 사람들보다 한 시간 일찍 출근해요.

❹ 우리 회사는 업무 능력 향상을 위해서 학원 수강료를 지원해 주거나 어학 연수를 보내 주고 있어요.

3 〈보기〉에서 알맞은 것을 골라 글을 완성하세요.

보기   면접   합격 통보   이력서   서류   졸업 증명서

« | 홈 | Q & A | 답변하기 | »

Q 한국 회사에 취업하고 싶은데 어떻게 해야 해요?

A 먼저 학교 게시판이나 인터넷 사이트에서 취업 정보를 찾아보세요.
가고 싶은 회사가 있으면 (❶   )을/를 작성한 후, 지원 (❷   )을/를
회사에 제출하세요. 서류 심사에 합격하면 필기시험을 보는 회사도 있고 바로
(❸   )을/를 보는 회사도 있어요. (❸   )을/를 잘 보면 일주일 뒤쯤
(❹   )을/를 받을 거예요.

4 〈보기〉에서 알맞은 것을 골라 쓰세요.

보기   온라인   방문   영업직   고등학교   자격증

신입 사원 모집 안내

가장 일하고 싶은 회사, '코리아화장품'에서
신입 사원을 모집합니다

- **모집 분야:** 영업직
- **모집 인원:** ○명
- **지원 자격:** 고졸, 영어 가능자 우대
- **제출 서류:** 이력서, 자격증 사본
- **지원 방법:** 방문 접수
- **접수 기간:** 07. 15.~07. 25.
- **문의:** 031-123-4567

1) 이 회사에서는 _____ 분야
   신입 사원을 모집하고 있다.

2) 이 회사에 지원하려면 _____을/를
   졸업해야 한다.

3) 이 회사에 서류를 제출하려면
   _____ 접수를 해야 한다.

4) 필요한 서류는 이력서와 _____
   사본이다.

동 -기 위해서

1 〈보기〉와 같이 문장을 완성하세요.

> **보기** 지난 주말에 친구를 <u>만나기 위해서</u> 명동에 갔어요.
> (만나다)

1) 제이슨 씨가 고향에 돈을 _____ 은행에 가요.
   (보내다)

2) 내일 친구와 _____ 오늘 숙제를 다 하고 잘 거예요.
   (놀다)

3) 우리 주민 센터에서는 연말에 불우 이웃을 _____ 돈을 모으고 있어요.
   (돕다)

4) 지원하는 회사에 서류를 _____ 직접 방문했어요.
   (제출하다)

2 〈보기〉와 같이 관계있는 것을 연결하고 대화를 완성하세요.

보기 한국 회사에 취직하기 위해서 •	• ❶ 아침에 일찍 일어났어요.
1) 건강해지기 위해서 •	• ❷ 열심히 돈을 모으고 있어요.
2) 나중에 가게를 차리기 위해서 •	• ❸ 매일 한국어 공부를 하고 있어요.
3) 회사에 늦지 않기 위해서 •	• ❹ 요즘 아침마다 운동해요.
4) 내일 면접을 잘 보기 위해서 •	• ❺ 면접 준비를 열심히 했어요.

가: 한국어 공부를 열심히 하시네요.

나: 네, 한국 회사에 취직하기 위해서 매일 한국어 공부를 하고 있어요.

1) 가: 요즘 아침마다 운동해요?

　　나: 네, _____.

2) 가: 왜 이렇게 열심히 돈을 모아요?

　　나: _____.

3) 가: 이링 씨, 일찍 일어났네요? 무슨 일 있어요?

　　나: 아니요. 그냥 _____.

4) 가: 아나이스 씨, 내일 면접을 보지요? 연습 많이 했어요?

　　나: 네, _____.

동-어 놓다

 다음 표를 완성하세요.

기본형	-아 놓다/어 놓다	기본형	-아 놓다/어 놓다
사다		고치다	고쳐 놓다
덮다		만들다	
켜다		틀다	
쌓다		요리하다	
찾다	찾아 놓다	★모으다	
★쓰다		★굽다	

2 〈보기〉에서 알맞은 것을 골라 대화를 완성하세요.

> **보기**　　　만들다　　　　열다　　　　사다　　　　세우다

1) 가: 다음 주에 고향에 가지요? 비행기표는 샀어요?

　　 나: 네. 지난달에 미리 _____.

2) 가: 제이슨 씨, 우리 5분 후에 도착해요. 음식 준비는 되었어요?

　　 나: 네. 음식을 다 _____.

3) 가: 추운데 왜 창문을 활짝 열었어요?

　　 나: 지금 청소하기 위해서 창문을 _____.

4) 가: 이 우산을 어디에 놓으면 돼요?

　　 나: 저기 교실 뒤에 _____.

3 그림을 보고 문장을 완성하세요.

1) 성민이가 탁자 위에 책을 _____.

2) 고천 씨가 텔레비전을 _____.

3) 성민이가 창문을 _____고 집을 나갔다.

4) 고천 씨가 벽에 가족사진을 _____.

Track 19

1 다음 대화를 듣고 빈칸에 알맞은 말을 쓰세요. 그리고 말해 보세요.

1) 가: 아나이스 씨는 어떤 회사에서 일하고 싶어요?

　　나: 저는 _____에서 일하고 싶어요.

2) 가: _____ 어떤 노력을 하고 있어요?

　　나: 매일 한국어를 세 시간 공부하고 있어요.

3) 가: 내일부터 서류 제출 기간인데 이력서를 _____?

　　나: 아니요. 어떻게 쓰는지 잘 몰라서 아직 못 썼어요.

　　가: 그래요? 그럼 _____.

Track 20

2 다음 대화를 듣고 물음에 답하세요.

1) 두 사람은 무엇에 대해 이야기합니까?

　❶ 지원 방법　　　　　❷ 자기소개서 작성법　　　　　❸ 이력서 제출 기간

2) 들은 내용과 같으면 ○, 다르면 X 하세요.

　❶ 라민은 미리 이력서를 써 놓았다.　　　　　　　（　　　　）

　❷ 아나이스는 자기소개서 작성법을 모른다.　　　（　　　　）

　❸ 자기소개서에는 입사 전에 한 일은 쓰지 않는 것이 좋다.　（　　　　）

1 다음은 좋은 직장의 조건에 대한 조사 결과입니다. 읽고 내용과 같으면 ○, 다르면 X 하세요.

좋은 직장은 어떤 곳이라고 생각합니까?

1위	출퇴근 시간이 자유로운 곳	35%
2위	월급을 많이 주는 곳	25%
3위	근무 환경이 좋은 곳	15%
4위	발전 가능성이 있는 곳	10%
5위	안정적인 곳	8%

※ 조사 대상: 20~30대 남녀 100명

1) 사람들이 가장 가고 싶어 하는 직장은 출퇴근 시간이 자유로운 곳이다. (　　　)

2) 사람들은 안정적인 곳보다 발전 가능성이 있는 곳을 좋아한다. 　　　(　　　)

3) 사람들은 월급보다 근무 환경을 더 중요하게 생각한다. 　　　　　(　　　)

2 다음 글을 읽고 물음에 답하세요.

　　안녕하세요? 저는 중국 지린성에서 온 밍밍입니다. 2년 전부터 통번역 지원사로 일하고 있습니다. 결혼 후 한국에 오고 나서 몇 년 동안 한국 생활에 적응하는 것이 힘들었습니다. 한국어 공부도 하고 아이를 키우면서 바쁘고 정신 없이 지냈습니다. 그런데 어느 날 인터넷을 보다가 통번역 지원사라는 것을 알았고, 일하고 싶은 생각이 들었습니다. 그날부터 통번역 지원사가 되기 위해서 한국어능력시험 공부를 시작했습니다. 그리고 집 근처에 있는 센터에서 통역 봉사 활동도 했습니다. 1년 후, 저는 통번역 지원사로 취업했습니다. 저는 지금 제가 하고 싶은 일을 하고 있어서 정말 행복합니다. 여러분도 자신이 하고 싶은 일과 능력을 살릴 수 있는 직업에 도전하기를 바랍니다.

1) 밍밍 씨의 직업은 무엇입니까?

❶ 다문화 언어 강사　　　　❷ 통번역 지원사　　　　❸ 관광 안내원

2) 윗글의 내용과 같은 것을 고르세요.

❶ 밍밍 씨는 통번역 지원사가 되기 위해서 한국에 왔다.

❷ 밍밍 씨는 집 근처 센터에서 통역 봉사 활동을 한 적이 있다.

❸ 밍밍 씨는 다문화 언어 강사에 도전하려고 한다.

다음은 후엔의 자기소개서입니다. 아래 이력서를 참고하여 글을 완성하세요.

이 력 서

이름	후엔		국적	베트남
학력	하노이고등학교 졸업			
경력				

기간	기관명	직위	비고
2020. 01. ~ 2020. 12.	한국초등학교	강사	이중 언어 강사

자격증			
취득일			
2019. 12.	한국어능력시험 5급		
2019. 10.	운전면허자격증(2종)		

위에 기재한 사항은 사실과 틀림이 없습니다.

년 월 일

성명 　　　　(인)

안녕하세요? 저는 베트남에서 온 후엔입니다. 베트남 **1)**
졸업한 후 현재 한국에서 살고 있습니다. 한국에 와서 2020년 1월부터 12월까지

2) 　　　　　　　　　　　　　　　　　. 이 경험을 통해

이중 언어 강사의 보람을 느꼈고, 이 일을 더 하고 싶다는 생각이 들었습니다. 그래서

이렇게 이중 언어 강사에 지원했습니다.

저는 **3)** 　　　　　　　　합격해서 한국어 실력이 우수합니다. 그리고

자녀가 초등학생이라서 누구보다도 아이들의 마음을 잘 이해하는 좋은 선생님이 될

자신이 있습니다.

11과 부동산

어휘

1 〈보기〉에서 알맞은 것을 골라 문장을 완성하세요.

> **보기**   매매   임대   전세   월세

1) 매달 _____를 내야 해서 예금은 생각할 수도 없어요.

2) 집을 사려고 _____ 가격을 알아보고 있는데 너무 비싸요.

3) _____로 살고 싶지만 보증금이 너무 비싸서 월세를 알아보기로 했다.

4) 나라에서 빌려주는 _____ 아파트는 다른 아파트들보다 월세가 저렴하다.

2 〈보기〉에서 알맞은 것을 골라 문장을 완성하세요.

> **보기**   교통   옵션   교육 환경   전망   편의 시설

1) 우리 집 근처에는 지하철역하고 버스 정류장이 있어서 _____이 편리하다.

2) 노인 인구가 늘어나서 지방마다 노인들을 위한 _____을 많이 만들고 있다.

3) 후엔 씨 집 주변에는 초, 중, 고등학교가 몰려 있어서 _____이 좋은 편이다.

4) 지난번 집에는 가구, 세탁기 등의 _____이 없어서 아주 불편했다.

5) 서울 남산타워에 올라가면 _____이 좋아서 서울 시내를 다 볼 수 있다.

3 관계있는 것을 연결하세요.

1) 난방이 잘 안 되다 •

2) 주차할 곳이 없다 •

3) 햇빛이 잘 안 들어오다 •

4) 층간 소음이 심하다 •

❶ 윗집 아이들이 뛰어다니는 소리가 너무 시끄러워서 잠을 잘 수가 없어요.

❷ 이 집은 1층에 주차장이 없고 근처 골목이 좁아서 차를 댈 수가 없겠어요.

❸ 겨울에 보일러가 자주 고장 나서 방이 너무 추워요.

❹ 낮에도 집이 너무 어두워요.

4 〈보기〉에서 알맞은 것을 골라 글을 완성하세요.

| 보기 | 신축 | 부동산 중개소 | 잔금 | 등기부 등본 |

  한국에서는 집을 구할 때 보통 (**1**)에 가서 알아봅니다. 집의 형태에는 주택, 빌라, 아파트 등이 있습니다. 오래된 집도 있고 지은 지 얼마 안 된 (**2**)도 있습니다. (**2**)은/는 깨끗하고 보통 시설이 좋아서 비쌉니다. 마음에 드는 집이 있으면 계약을 합니다. 계약하고 보통 한 달 후에 이사를 하는데 이사하는 날 (**3**)을/를 내면 됩니다.

동 형 -는 데다가

1 다음 표를 완성하세요.

기본형	-는 데다가/은 데다가/ㄴ 데다가	과거형	-은 데다가/ㄴ 데다가
자다	자는 데다가	잤다	
먹다		먹었다	먹은 데다가
운동하다		★만들었다	
재미있다		★들었다	
크다		★주웠다	
좋다	좋은 데다가	★골랐다	
저렴하다			
★놀다			
★멀다			
★춥다			

2 〈보기〉와 같이 문장을 완성하세요.

> **보기**
>
> 이 집은 버스 정류장에서 <u>가까운 데다가</u> 근처에 시장이 있어서 살기 편해요.
> (가깝다)

1) 지금 살고 있는 집이 학교에서 _____ 방도 좁아서 곧 이사할 거예요.
(멀다)

2) 안젤라 씨는 운동을 _____ 다른 사람에게 친절해서 인기가 많아요.
(잘하다)

3) 지금 눈이 많이 _____ 길이 얼어서 미끄러워요.
(오다)

4) 그 영화는 _____ 유명한 배우들이 많이 나와서 요즘 사람들이 많이 본대요.
(재미있다)

3 〈보기〉와 같이 대화를 완성하세요.

> **보기** 가: 한국의 여름 날씨가 어때요?
>
> 나: 한국의 여름 날씨는 <u>더운 데다가 비가 많이 내려요</u>.
> (덥다 + 비가 많이 내리다)

1) 가: 민수 씨. 요즘 그 시장에 자주 가네요.

　나: 그 시장 과일이 _____ 자주 가요.
　　　　(품질이 좋다 + 가격이 저렴하다)

2) 가: 제이슨 씨, 안색이 안 좋아요. 어디 아파요?

　나: 어제 _____ 피곤해요.
　　　　(잠을 못 잤다 + 요즘 일이 많다)

3) 가: 여름에 여행을 가려고 하는데 어디가 좋아요?

　나: 제주도에 한번 가 보세요.

　　제주도는 _____.
　　　　(경치가 아름답다 + 맛있는 해산물이 많다)

4) 가: 왜 오늘 지각했어요?

　나: 아침에 _____.
　　　　(늦게 일어났다 + 버스를 놓쳤다)

4 〈보기〉에서 알맞은 것을 골라 문장을 완성하세요.

> **보기** 　방이 넓다　　　내용이 재미있다　　　운동을 하다　　　일이 많지 않다

1) 요즘 매일 _____ 저녁을 조금만 먹어서 살이 많이 빠졌어요.

2) 새로 이사한 집은 _____ 침대, 세탁기, 냉장고가 있어서 살기 편해요.

3) 그 영화는 _____ 가족이 함께 볼 수 있어서 인기가 많아요.

4) 새로 이직한 회사는 _____ 출퇴근 시간도 자유로워서 아주 좋아요.

동 형 -는다

1 다음 표를 완성하세요.

기본형	-습니다/ㅂ니다	-는다/ㄴ다/다
오다		
먹다		먹는다
모르다		
아프다	아픕니다	
춥다		춥다
맛없다		
듣다		
공부하다	공부합니다	
★살다		
★길다		

2 다음을 〈보기〉와 같이 바꿔 보세요.

보기　저는 한국에서 고향 친구와 함께 아파트에서 삽니다. 그런데 집이 회사와 아주 1) 멉니다. 그래서 회사 근처로 이사를 가려고 2) 합니다. 이번 주말에 회사 동료와 함께 부동산 중개소에 3) 갈 것입니다. 이사갈 집은 회사에서 가깝고 근처에 마트나 시장이 있으면 4) 좋겠습니다. 좋은 집을 구해서 빨리 이사를 가고 5) 싶습니다.

보기　나는 한국에서 고향 친구와 함께 아파트에서 산다. 그런데 집이 회사와 아주 1) _____. 그래서 회사 근처로 이사를 가려고 2) _____. 이번 주말에 회사 동료와 함께 부동산 중개소에 3) _____. 이사갈 집은 회사에서 가깝고 근처에 마트나 시장이 있으면 4) _____. 좋은 집을 구해서 빨리 이사를 가고 5) _____.

Track 21

1 다음 대화를 듣고 빈칸에 알맞은 말을 쓰세요. 그리고 말해 보세요.

1) 가: 어떤 집을 구하세요?

나: _____ 찾고 있어요.

2) 가: 이 오피스텔은 _____. 다른 곳도 좀 볼 수 있어요?

나: 네. 오래됐지만 조금 넓은 곳이 있는데 한번 보시겠어요?

3) 가: 어젯밤에 잠을 잘 못 자서 너무 피곤해요.

나: 왜요? 요즘 회사 일이 많아요?

가: 아니요. _____ 잠을 못 잤어요.

Track 22

2 다음 대화를 듣고 물음에 답하세요.

1) 두 사람은 무엇에 대해 이야기합니까?

_____

2) 들은 내용과 같으면 ○, 다르면 X 하세요.

❶ 라흐만 씨는 어제 이사를 했다. (   )

❷ 안젤라 씨는 이사 간 집이 마음에 들지 않는다. (   )

❸ 새로 이사 간 집은 난방이 잘된다. (   )

1 다음은 오피스텔 광고입니다. 광고를 읽고 읽은 내용과 같으면 ○, 다르면 X 하세요.

한국 오피스텔
보증금 1,000 / 월세 55

19/24층 / 관리비 25만 원 / 역까지 걸어서 5분

방 수/욕실 수 1/1개   세대당 주차 대수 1대

입주 가능일 즉시 입주   관리비 포함 X

방 내부 옵션

책상 냉장고 가스레인지 에어컨

1) 이 집은 지하철까지 멀다.   (   )

2) 매월 55만 원을 내면 관리비를 안 내도 된다.   (   )

3) 이 집으로 이사하고 싶으면 바로 이사할 수 있다.   (   )

2 다음은 월셋집에 대한 질문과 답변입니다. 글을 읽고 물음에 답하세요.

> **Q** 월셋집에서 살고 있는데 집 수리비는 누가 내나요?
>
> **A** 집주인은 집이 홍수나 태풍 때문에 피해를 입거나 보일러가 오래돼서 난방이 잘 안 될 때, 수도관이 얼어서 온수를 사용하지 못할 때 집을 고쳐 줘야 합니다.
> 하지만 집에 살고 있는 사람의 잘못으로 보일러가 고장 났을 때는 집주인이 고쳐 주지 않아도 괜찮습니다. 그리고 전구, 건전지 등의 물품을 바꿀 때도 그 집에 사는 사람이 부담합니다. 가끔 집 수리비 때문에 문제가 생기는 경우가 있으니까 집을 계약하기 전 집수리에 대한 내용을 꼭 확인하는 것이 좋습니다.

1) 전구, 건전지 등을 바꿀 때 누가 돈을 내야 합니까?

_____

2) 윗글의 내용과 다른 것을 고르세요.

❶ 오래된 보일러를 수리할 때 집주인이 돈을 내야 한다.

❷ 비가 많이 와서 집에 피해가 생기면 집주인이 수리해야 한다.

❸ 수도를 잘못 사용해서 고장 났을 때 집주인이 고쳐야 한다.

다음은 라흐만 씨가 살고 있는 집에 대한 글입니다. 메모를 참고하여 글을 완성하세요.

메모	
집의 위치	미래지하철역 4번 출구 근처
집의 형태	빌라
집의 구조	거실, 주방, 방2, 화장실1
집 내부 환경	- 햇빛이 잘 들어온다. - 난방이 잘되고 온수가 잘 나온다. - 침대, 냉장고, 세탁기, 가스레인지 옵션이 있다.
집 주변 환경	- 시장이 가까이 있다. - 근처에 공원이 있다.

　　나는 지하철역 4번 출구 근처에 있는 빌라에서 회사 동료와 같이 살고 있다. 집에는 방

두 개, 거실, 주방, 화장실이 있다. 내 방은 남향인 데다가 앞에 높은 건물이 없어서

1)   . 이전 집은 겨울에 물이 잘 안 나와서

살기 불편했는데 이 집은 난방이 잘 되고 2)   . 그리고

집에 침대, 냉장고, 가스레인지 등의 3)   살기 편하다. 집

주변에는 4)   퇴근할 때 여기에서 장을 본다.

또 근처에 공원이 있어서 주말에는 동료와 함께 운동하고 산책한다.

12과 전통 명절

어휘

1 〈보기〉에서 알맞은 것을 골라 문장을 완성하세요.

> **보기**   설날   정월 대보름   추석   동지

1) _____에는 세배를 하고 새해 인사를 한다.

2) 우리 가족은 _____에 다 같이 송편을 만들어 먹고 차례를 지낸다.

3) 한국에는 아직 _____에 보름달을 보면서 소원을 빌고 부럼을 깨는 풍습이 남아 있다.

4) 옆집 할머니께서 _____ 팥죽을 끓여서 우리 집에 가져오셨다.

2 〈보기〉에서 알맞은 것을 골라 쓰세요.

> **보기**   송편   부럼   떡국   팥죽

1) 가: 설날 아침에 _____을 먹었어요? _____ 한 그릇을 먹으면 나이를 한 살 더 먹는 거예요.

   나: 네, 저는 두 그릇이나 먹었는데 그럼 두 살 더 많아진 거예요?

2) 가: 민수 씨, 한국 사람들은 정월 대보름에 왜 _____을 먹어요?

   나: 네. 일 년 동안 아프지 않고 건강하길 바라는 의미가 있어요.

3) 가: 추석 때 가족과 함께 _____을 만들었어요.

   나: 만들기 쉬웠어요? 저는 아직 만들어 본 적이 없어요.

4) 가: 오늘 동지니까 같이 _____을 먹을까요?

   나: 좋아요. 퇴근하고 회사 앞 식당에 먹으러 가요.

3 〈보기〉에서 알맞은 것을 골라 대화를 완성하세요.

> 보기　　윷놀이를 하다　　　연날리기를 하다　　　소원을 빌다　　　차례를 지내다

1) 가: 한국 사람들은 추석 때 뭐 해요?

　　나: 보통 보름달을 보면서 _____.

2) 가: 민수 씨, 설날에 슬기와 뭘 했어요?

　　나: 떡국을 먹고 근처 공원에 가서 _____.

3) 가: 설날에 가족들이 다 함께 할 수 있는 놀이가 있을까요?

　　나: 거실에서 할아버지, 할머니, 아이가 다 같이 _____면 좋아요.

4) 가: 영욱 씨, 집에 사과가 있는데 왜 또 샀어요?

　　나: 추석에는 햇곡식과 햇과일로 _____기 때문에 햇사과를 샀어요.

4 관계있는 것을 모두 연결하세요.

　　　　　　　　　　　　　　　　　　❶ 밝은 보름달처럼 행복한 명절
　　　　　　　　　　　　　　　　　　　　보내세요.

　　　　　　　　　　　　　　　　　　❷ 새해 복 많이 받으시고 올 한 해도
1) 설날　•　　　　　　　　　　　　　건강하시길 바랍니다.

　　　　　　　　　　　　　　　　　　❸ 새해에는 소망하는 일 모두 이루시길
2) 추석　•　　　　　　　　　　　　　바랍니다.

　　　　　　　　　　　　　　　　　　❹ 풍요롭고 여유로운 한가위 보내세요.

동 형 -어도

1 〈보기〉와 같이 대화를 완성하세요.

> 보기
>
> 가: 어제 새벽 3시에 잤는데 일찍 일어났네요?
>
> 나: 저는 늦게 <u>자도</u> 7시에는 꼭 일어나요.
>   (자다)

1) 가: 감기는 다 나았어요?

   나: 아니요. 며칠 동안 약을 ＿＿＿＿＿＿＿＿＿＿＿ 낫지 않아요.
                        (먹다)

2) 가: 라흐만 씨, 오늘 날씨가 좀 추운 것 같은데 짧은 옷을 입었어요?

   나: 네, 저는 아무리 ＿＿＿＿＿＿＿＿＿＿ 소매가 짧은 옷이 좋아요.
                    (춥다)

3) 가: 시험 잘 봤어요? 열심히 공부했잖아요.

   나: 아니요. 매일 열심히 ＿＿＿＿＿＿＿＿＿＿ 시험 성적이 좋지 않네요.
                      (공부하다)

4) 가: 명절에 보통 길이 많이 막히는데 이번 명절에도 고향에 갈 거예요?

   나: 네. 오랜만에 가족들과 고향 친구들을 다 만날 수 있으니까 길이 많이 ＿＿＿＿＿＿＿＿
      꼭 갈 거예요.   (막히다)

2 관계있는 것을 연결하고 문장을 완성하세요.

1) 안경을 계속 찾다 •   • ❶ 꼭 그 휴대 전화를 살 거예요.

2) 비싸다 •   • ❷ 이해가 되지 않아요.

3) 한국 뉴스를 여러 번 듣다 •   • ❸ 숙제를 꼭 해야 해요.

4) 시간이 없다 •   • ❹ 어디 있는지 모르겠어요.

1) _____.

2) _____.

3) _____.

4) _____.

동-게 되다

1 〈보기〉와 같이 문장을 완성하세요.

> 보기
>
> 한국어 수업을 듣고 한국말을 <u>잘하게 되었다</u>.
> (잘하다)

1) 친구가 연극 표를 줘서 연극을 _____.
   (보다)

2) 지난주에 다리를 다쳐서 병원에 _____.
   (입원하다)

3) 이번 학기에 성적이 많이 올라서 장학금을 _____.
   (받다)

4) 한국 회사에 취직을 해서 한국에 _____.
   (살다)

5) 갑자기 제주도에 눈이 많이 와서 여행을 _____.
   (못 가다)

2 〈보기〉와 같이 대화를 완성하세요.

> 보기
>
> 가: 예전부터 매운 음식을 잘 먹었어요?
>
> 나: 아니요. 한국에 와서 매운 음식을 <u>잘 먹게 됐어요.</u>

1) 가: 영욱 씨를 어떻게 만났어요?

　　나: 친구가 소개해 줘서 _____.

2) 가: 예전부터 안젤라 씨를 알았어요?

　　나: 아니요. 작년부터 한국어 수업을 같이 들으면서 _____.

3) 가: 언제부터 안경을 썼어요?

　　나: 중학교 때부터 눈이 나빠져서 안경을 _____.

4) 가: 아이를 키우는 것은 정말 힘든 일인 것 같아요. 이제 부모님의 사랑을 깨달았어요.

　　나: 네, 저도 아이를 키우면서 부모님의 고마움을 _____.

3 표를 보고 〈보기〉와 같이 문장을 완성하세요.

보기 결혼 전 / 부모님과 이야기를 잘 안 하다	결혼 후 / 부모님과 이야기를 자주 하다
1) 어렸을 때 / 뉴스를 안 보다	취업 후 / 뉴스를 자주 보다
2) 한국에 오기 전 / 한국 문화를 잘 모르다	한국에 온 후 / 한국 문화를 잘 알다
3) 작년까지 / 요리를 잘 못하다	요리를 배운 후 / 요리를 잘하다
4) 한국어를 배우기 전 / 한국어 책을 안 읽다	한국어를 배운 후 / 한국어 책을 읽다

> 보기
>
> 결혼 전에는 부모님과 이야기를 잘 안 했는데 결혼 후에는 이야기를 자주 하게 됐어요.

1) _____.

2) _____.

3) _____.

4) _____.

Track 23

1 다음 대화를 듣고 빈칸에 알맞은 말을 쓰세요. 그리고 말해 보세요.

1) 가: 성민아, 설날에 뭐 했어?

　　나: 친척들이랑 _____.

2) 가: 라흐만 씨는 언제부터 한국 역사에 관심이 생겼어요?

　　나: 원래는 한국 역사에 관심이 없었는데 _____.

　　　　계속 보니까 역사 드라마가 정말 재미있어요.

3) 가: 이링 씨, 안색이 안 좋아요. 무슨 일 있어요?

　　나: 어제 잠을 못 잔 데다가 아침도 못 먹어서 그런가 봐요.

　　가: _____.

Track 24

2 다음 대화를 듣고 물음에 답하세요.

1) 두 사람은 무슨 음식에 대해 이야기합니까?

_____

2) 들은 내용과 같으면 ○, 다르면 X 하세요.

❶ 동지는 일 년 중 낮이 가장 긴 날이다.　　　　　　(　　)

❷ 붉은색은 나쁜 기운을 쫓아 준다는 의미가 있다.　(　　)

❸ 제이슨 씨는 한국에 온 후 팥을 좋아하게 되었다.　(　　)

1 다음은 명절 후유증에 대한 설문 조사 결과입니다. 읽고 내용과 같으면 ○, 다르면 X 하세요.

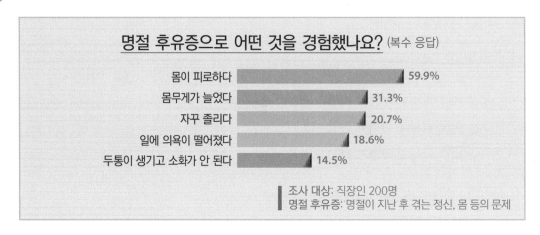

1) 사람들이 가장 심하게 느끼는 명절 후유증은 몸이 피로한 것이다. (　　　)

2) 명절 후 두통이 생긴 사람보다 몸무게가 늘었다는 사람이 더 많다. (　　　)

3) 몸무게가 늘었다는 사람들은 자꾸 졸린다는 사람보다 두 배 이상 많다. (　　　)

2 다음은 명절 후유증 예방에 대한 이야기입니다. 글을 읽고 물음에 답하세요.

명절 후유증 예방 방법

　명절 후유증이란 명절을 보내면서 스트레스 때문에 생기는 몸이나 정신 등의 문제를 말한다. 명절 동안 과도한 가사 업무, 장거리 운전 등으로 피로감, 소화 불량, 두통 등의 증상을 겪게 되는 사람들이 있다. 이런 후유증을 예방하기 위해서는 명절 음식을 준비하거나 운전을 할 때 한두 시간마다 10분 정도씩 휴식을 취하는 것이 좋다. 그리고 스트레칭이나 가벼운 운동을 하면 피로 회복에 도움이 된다. 명절에는 기름진 음식을 많이 먹게 되는데 한 끼 정도는 채소와 과일을 먹으면 소화 불량의 문제를 예방할 수 있다.

1) 명절 후유증으로 생기는 문제가 <u>아닌</u> 것은 무엇입니까?

❶ 두통　　　　　　❷ 소화 불량　　　　　　❸ 몸무게 감소

2) 윗글의 내용과 <u>다른</u> 것을 고르세요.

❶ 명절 후유증은 몸과 정신에 다 문제가 생길 수 있는 것이다.

❷ 명절에는 고기보다 과일을 더 많이 먹게 된다.

❸ 명절 후유증을 예방하기 위해서 스트레칭이나 가벼운 운동을 하는 것이 좋다.

다음은 베트남의 명절에 대한 글입니다. 메모를 참고하여 글을 완성하세요.

메모	
명절 이름	뗏
날짜	음력 1월 1일
음식	반쯩
그 음식을 먹는 이유	조상들에게 고마움을 표현하기 위해서
풍습과 의미	• 대청소를 한다. 　- 그 이유는 집을 깨끗이 청소하면 지난해에 일어난 안 좋은 일은 없어지고 좋은 일이 집에 들어온다고 믿기 때문이다. • 복숭아나무나 매화나무를 산다. 　- 복숭아나무는 건강과 돈을 의미하고, 매화나무는 공부를 잘한다는 의미가 있다. • 집에 꼭 연락을 하고 방문한다. 　- 설날 이후 첫 손님을 중요하게 생각하니까 집에 연락 없이 찾아가면 안 된다.

　베트남의 명절 중 하나는 설날이다. 이 날은 음력 1월 1일인데 베트남어로 '뗏'이라고 한다. 설날 전후로 일주일 정도 쉬어서 사람들이 고향에 많이 간다. 가족들이 모두 모여 반쯩을 만들어 먹는다. 반쯩을 먹는 이유는 1)　　　　　　　　　　　　　.

　설날에는 먼저 집을 대청소한다. 왜냐하면 집을 깨끗이 청소하면 좋은 일이 2)　　　　　　　　　　　　　. 그리고 복숭아나무나 매화나무를 산다. 복숭아 나무는 건강과 돈을 의미하고, 매화나무는 3)　　　　　　　　　　　　　.

　베트남에서는 설날에 다른 집을 방문할 때, 꼭 연락을 하고 방문해야 한다. 베트남 사람들은 설날 이후 첫 손님을 중요하게 생각하니까 4)　　　　　　　　　　　　　.

13과 직장 생활

어휘

1 〈보기〉에서 알맞은 것을 골라 문장을 완성하세요.

> **보기** 회의   업무 지시   서류   결재

1) 사장님께 제출할 _____를 오늘까지 작성해야 한다.

2) 오늘 오후 한 시에 신제품 설명을 하기 위해 전체 사원 _____를 하니 모두 참석해 주십시오.

3) 세 시에 부장님께 보고서 _____를 받아야 한다.

4) 매일 아침 회의에서 팀장님은 팀원들에게 _____를 한다.

2 〈보기〉에서 알맞은 것을 골라 대화를 완성하세요.

> **보기** 작동을 확인하다   재고를 정리하다   자재를 주문하다   작업 일지를 제출하다

1) 가: 라흐만 씨, 오늘 일이 다 끝났어요?
   퇴근하기 전에 _____고 가세요.
   나: 네. 지금 작성하고 있는데 잠시 후에 드리겠습니다.

2) 가: 작업할 때는 안전이 가장 중요하니까 꼭 기계 _____세요.
   나: 네, 잘 알겠습니다.

3) 가: 잠시드 씨, 오늘 거래처에 보내고 남은 _____ 주세요.
   나: 네, 지금 창고에 가서 확인해 보겠습니다.

4) 가: 오늘 주문받은 도시락을 다 만들려면 식자재가 부족하지 않아요?
   나: 괜찮아요. 제가 어제 _____ 한 시간 후에 도착할 거예요.

3 〈보기〉에서 알맞은 것을 골라 대화를 완성하세요.

> **보기**　　　생산직　　　　　　판매직　　　　　　관리직　　　　　　사무직

1) 가: 지혜 씨는 나중에 어떤 직종에서 일하고 싶어요?

　　나: 저는 성격이 활발한 편이어서 물건을 파는 ＿＿＿＿＿＿＿＿에서 일하고 싶어요.

2) 가: 라흐만 씨 친구가 직장을 찾고 있다고 했었죠? 어떤 직종에 관심이 있어요?

　　나: 예전에 신발 공장에서 일한 경험이 있어서 비슷한 ＿＿＿＿＿＿＿＿에서 일하고 싶어 해요.

3) 가: 이링 씨는 어떤 일이 적성에 맞아요?

　　나: 저는 사무실에서 예산을 짜고 보고서를 작성하는 ＿＿＿＿＿＿＿＿이 적성에 맞는 것 같아요.

4) 가: 저는 더 열심히 일해서 현장을 감독하는 ＿＿＿＿＿＿＿＿에 지원하고 싶어요.

　　나: 잠시드 씨는 잘할 것 같아요. 도전해 보세요.

4 〈보기〉에서 알맞은 것을 골라 문장을 완성하세요.

> **보기**　　　월급　　　　　　연봉　　　　　　시급　　　　　　일당

1) 그 축구 선수는 소속 팀을 옮겨서 높은 ＿＿＿＿＿＿＿＿을 받게 되었다.

2) 지난달에 취업해서 처음 받은 ＿＿＿＿＿＿＿＿으로 부모님께 선물을 사 드렸다.

3) 나는 야간 아르바이트를 해서 최저 ＿＿＿＿＿＿＿＿보다 돈을 더 많이 받는다.

4) 나는 어제 하루 동안 일한 ＿＿＿＿＿＿＿＿을 받아서 친구의 생일 선물을 샀다.

동-게 하다

1 〈보기〉와 같이 문장을 완성하세요.

보기 · 정아라 선생님: 여러분, 지금 책을 읽으세요.
선생님이 학생들에게 책을 읽게 하셨어요.

1) 김영욱: 성민아, 오늘 날씨가 추우니까 따뜻한 옷을 입어라.
_____.

2) 후엔: 슬기야, 숙제 끝내고 방 청소해.
_____.

3) 반장님: 라흐만 씨, 기계 작동을 꼭 확인하세요.
_____.

4) 과장님: 안젤라 씨, 모레까지 보고서를 제출하세요.
_____.

2 관계있는 것을 연결하고 〈보기〉와 같이 대화를 완성하세요.

보기 아이가 며칠 동안 기침을 하다 ·	· ❶ 과일을 많이 먹다
1) 아이가 패스트푸드를 너무 많이 먹다 ·	· ❷ 숙제를 먼저 하고 게임을 하다
2) 아이가 갑자기 살이 찌다 ·	· ❸ 30분씩 운동하다
3) 아이가 스마트폰으로 게임을 오래 하다 ·	· ❹ 병원에 가다
4) 매일 늦잠을 자다 ·	· ❺ 밤에 일찍 자다

가: 아이가 며칠 동안 기침을 해요.

나: 그럼 <u>빨리 병원에 가게 하세요</u>.

1) 가: 아이가 패스트푸드를 너무 많이 먹어서 걱정이에요.

 나: 앞으로는 _____.

2) 가: 아이가 한 달 전부터 갑자기 살이 쪘어요. 어떻게 하면 좋을까요?

 나: 매일 _____.

3) 가: 아이가 매일 스마트폰으로 게임을 너무 오래 해요.

 나: 내일부터 _____.

4) 가: 아이가 밤에 늦게 자서 그런지 매일 늦잠을 자서 지각을 해요.

 나: 이제 _____.

동-어 가다

 다음 표를 완성하세요.

기본형	-아 가다/어 가다	기본형	-아 가다/어 가다
오다		되다	
끝나다	끝나 가다	작성하다	작성해 가다
마시다		준비하다	
만들다		★쓰다	
배우다		★짓다	

2 〈보기〉와 같이 문장을 완성하세요.

> **보기**
>
> 지금 재고를 다 <u>정리해 가요</u>.
> (정리하다)

1) 지금 계약서 작성이 거의 _____. 잠시만 기다리세요.
   (되다)

2) 시험 시간이 15분 남았는데 시험 문제를 거의 _____고 있어요.
   (풀다)

3) 지금 불고기를 다 _____. 조금만 더 기다려 주세요.
   (만들다)

4) 고천 씨와 김영욱 씨는 부부라서 점점 _____고 있어요.
   (닮다)

3 〈보기〉와 같이 대화를 완성하세요.

> **보기**
>
> 가: 안젤라 씨, 보고서를 다 <u>써 가요</u>?
> 나: 네, 거의 썼어요. 30분 안에 드릴게요.

1) 가: 이링 씨, 거의 다 _____? 회의에 늦겠어요.
   나: 지금 다 먹었어요. 같이 올라가요.

2) 가: 제이슨 씨, 다 _____?
   나: 네, 거의 왔어요. 이제 지하철역에서 내려요.

3) 가: 라흐만 씨, 작업이 거의 _____? 저 먼저 퇴근할까요?
   나: 이것만 하면 끝나요. 10분만 기다려 주세요. 같이 가요.

4) 가: 아나이스 씨, 인터넷 강의를 다 _____?
   나: 네, 거의 다 들었어요. 하나 남았어요.

Track 25

1 다음 대화를 듣고 빈칸에 알맞은 말을 쓰세요. 그리고 말해 보세요. 🎧

1) 가: 혹시 지금 과장님 회의 중이세요? _____.

   나: 네, 회의가 거의 끝나 가니까 잠시만 기다리세요.

2) 가: 어제 팀장님이 저에게 _____ 제가 실수를 했어요.

   나: 일이 익숙하지 않을 때는 누구나 실수할 수 있어요. 다음부터 잘하면 되죠.

3) 가: 날씨도 더운데 왜 아이스크림을 _____?

   나: 슬기가 요즘 찬 음식을 너무 많이 먹어서 배탈이 났거든요.

   _____ 조심해야 해요.

   가: 네. 다 나을 때까지 안 먹는 게 좋지요.

Track 26

2 다음 대화를 듣고 물음에 답하세요. 🎧

1) 이링 씨는 양양 씨에게 지금 무엇을 하고 있습니까?

   ❶ 조언　　　　　　　❷ 업무 지시　　　　　　　❸ 회사 소개

2) 들은 내용과 같으면 ○, 다르면 X 하세요.

   ❶ 양양 씨는 회사 일이 익숙하다.　　　　　　　(　　　)

   ❷ 이링 씨는 양양 씨에게 결재 서류를 쓰게 했다.　　(　　　)

   ❸ 양양 씨는 앞으로 업무 일지를 작성할 것이다.　　(　　　)

1 다음은 안젤라 씨의 명함입니다. 읽고 내용과 같으면 ○, 다르면 X 하세요.

안젤라 조이
국제영업부 대리

한국무역

📍서울시 송파구 잠실로 451
T 02-123-1234   M 010-1234-5678
F 02-134-1235   E angela@trade.com

1) 안젤라 씨는 국내 영업 일을 하고 있다.　　（　　　）

2) 안젤라 씨는 '한국무역' 회사에 다닌다.　　（　　　）

3) 안젤라 씨는 이 회사의 과장이다.　　（　　　）

2 다음은 명함에 대한 이야기입니다. 글을 읽고 물음에 답하세요.

　　직장 생활을 하다 보면 명함을 주고받을 때가 많습니다. 명함을 주거나 받을 때는 어떻게 하면 좋을까요? 첫 번째, 명함을 줄 때는 자기소개를 짧게 하고 주는 것이 좋습니다. 두 번째, 명함은 아랫사람이 먼저 전달하고 다른 곳을 방문했을 때는 방문한 사람이 먼저 줍니다. 세 번째, 명함을 전달할 때는 상대방이 읽기 편하게 자신의 이름이 상대방 쪽을 향하도록 줍니다. 마지막으로 명함을 받았을 때는 하의 주머니에 넣지 않고 상의 주머니에 넣습니다. 그리고 미팅이 끝나기 전까지 받은 명함을 지갑이나 주머니에 넣지 않는 것이 좋습니다.

1) 무엇에 대한 이야기입니까?

❶ 명함을 읽는 방법　　　　❷ 명함을 주고받는 방법　　　　❸ 명함을 넣는 방법

2) 윗글의 내용과 같은 것을 고르세요.

❶ 다른 회사에 가면 먼저 명함을 줄 때까지 기다린다.

❷ 명함을 줄 때는 상대방이 읽기 편한 방향으로 준다.

❸ 명함을 받으면 바로 지갑에 넣는다.

1 다음은 라흐만 씨가 직장에서 하는 일입니다. 메모를 참고하여 글을 완성하세요.

예		이유
일하는 곳		새시 공장
하는 일	아침	- 출근하면 기계 작동을 확인한다. - 기계에 문제가 있으면 공구를 가지고 기계를 정비한다.
	오후	- 창고에 가서 재고를 정리한다. - 창고에서 재고를 확인한 후, 부족한 자재가 있으면 주문한다.
	퇴근 전	- 작업 일지를 작성해서 반장님께 제출한다.
나중에 하고 싶은 일		- 경험을 더 쌓아서 관리직에서 일하고 싶다.

　　나는 현재 새시 공장에서 일하고 있다. 내가 하는 일은 먼저 아침에 출근하면

1)　　　　　　　　　　　　　　　　　. 그리고 기계에 문제가 있으면

공구를 가지고 기계를 정비한다. 오후에는 창고에 가서 재고를 정리한다. 창고에서

재고를 확인한 후, 2)　　　　　　　　　　　　　. 마지막으로

퇴근하기 전에 3)　　　　　　　　　　　　. 이 경험을

더 쌓아서 나중에는 4)　　　　　　　　　.

14과 인터넷과 스마트폰

어휘

1 〈보기〉에서 알맞은 것을 골라 문장을 완성하세요.

> **보기**   인터넷 강의   영상 통화   인터넷 쇼핑   인터넷 뱅킹   댓글

1) 나는 다음 학기 한국어 수업료를 _____(으)로 보냈다.

2) 민수는 매일 _____을/를 들으면서 혼자서 외국어를 공부한다.

3) 어제 _____(으)로 주문한 물건이 하루 만에 배송되었다.

4) 인터넷 게시판에서 다른 사람이 올린 글에 _____을/를 남길 수 있다.

5) _____을/를 하면 서로 얼굴을 보면서 이야기할 수 있다.

2 다음 문장에 알맞은 것을 고르세요.

1) 나는 아침마다 인터넷으로 날씨 정보를 (❶ 검색한다, ❷ 보낸다).

2) 나는 영화관에 가는 것보다 집에서 영화 (❶ 감상하는, ❷ 촬영하는) 것을 좋아한다.

3) 친구가 나에게 약속 장소와 시간을 문자로 (❶ 보내, ❷ 받아) 주었다.

4) 모르는 단어가 있으면 사전으로 뜻을 (❶ 설치해, ❷ 찾아) 보세요.

5) 나는 매일 에스엔에스(SNS)를 (❶ 주면서, ❷ 하면서) 고향에 있는 가족들과 연락한다.

3 〈보기〉에서 알맞은 것을 골라 문장을 완성하세요.

> **보기**   지갑   대중화   고립감   교통사고   검색

1) 스마트폰 중독은 좋지 않지만 스마트폰을 적절하게 사용하는 것은 사회적 _____
   해소에 도움이 된다.

2) 앱 카드가 있으면 물건을 사러 갈 때 _____을/를 안 가지고 가도 된다.

3) 인터넷과 스마트폰이 _____되면서 1인 미디어를 만드는 사람들이 많아졌다.

4) 주말에 문 여는 병원이나 약국을 _____할 때도 앱을 활용할 수 있다.

5) 운전하면서 스마트폰을 보는 것은 _____의 원인이 되기 때문에 매우 위험하다.

4 관계있는 것을 연결하세요.

인터넷과 스마트폰 사용의 부정적인 영향	현상
1) 대인 관계 문제 •	• ❶ 스마트폰을 많이 사용하니까 어깨도 아프고 자세가 점점 나빠지고 있다.
2) 중독 문제 •	• ❷ 에스엔에스(SNS)로 소통하는 친구들은 많지만 오프라인으로 만나는 친구는 별로 없다. 만나도 할 말이 없고 어색하다.
3) 건강 문제 •	• ❸ 길을 걸을 때 문자를 보내거나 정보 검색을 하다가 교통사고가 난다.
4) 안전 문제 •	• ❹ 잠시라도 스마트폰이 없으면 불안하다. 그래서 항상 스마트폰을 손에 들고 있다.

통형 -잖아요

① 다음 표를 완성하세요.

기본형	-잖아요	-았/었잖아요
좋다	좋잖아요	
기다리다		
아프다		
어렵다		어려웠잖아요
모르다		
걷다		
살다		

② 〈보기〉와 같이 문장을 완성하세요.

> 보기
>
> 저는 담배를 안 피워요. 건강에 나쁘잖아요.
> (나쁘다)

1) 저는 인터넷 쇼핑을 자주 해요. 배송이 빨라서 _____.
   (편리하다)

2) 인터넷 강의를 들어 보세요. 요즘 싸고 좋은 강의가 _____.
   (많다)

3) 불을 켤까요? 교실이 조금 _____.
   (어둡다)

4) 다리도 아프고 피곤한데 좀 쉴까요? 우리 벌써 2시간이나 _____.
   (걸었다)

3 〈보기〉와 같이 대화를 완성하세요.

> **보기** 가: 요즘 많이 바쁘지요?
>
> 나: 네, 다음 주에 중요한 시험을 보잖아요.
> <u>　　　　　　　　(보다)</u>

1) 가: 이 식당은 손님이 정말 많네요.

　　나: 음식도 맛있고 가격이 ＿＿＿＿＿＿＿＿＿＿＿.
　　　　　　　　　　　　　　　(싸다)

2) 가: 왜 그렇게 서둘러요?

　　나: 조금 있으면 퇴근 시간이어서 차가 ＿＿＿＿＿＿＿＿＿＿.
　　　　　　　　　　　　　　　　　　(밀리다)

3) 가: 요즘은 유튜브를 보면서 집에서 운동하는 사람이 많아졌네요.

　　나: 맞아요. 헬스장에 안 가도 되고 돈이 ＿＿＿＿＿＿＿＿＿＿.
　　　　　　　　　　　　　　　　　　(안 들다)

4) 가: 공부할 때 모르는 단어가 나오면 어떻게 해요?

　　나: 저는 인터넷 사전을 이용해요. 스마트폰으로 바로 ＿＿＿＿＿＿＿＿.
　　　　　　　　　　　　　　　　　　　　(검색할 수 있다)

 동 형 −어야

1 다음 표를 완성하세요.

기본형	−아야/어야	기본형	−아야/어야
찾다	찾아야	끝나다	
기다리다		친절하다	
알다		살다	살아야
★묻다		재미있다	
★다르다		외우다	
★바쁘다		★걷다	

2 〈보기〉와 같이 문장을 완성하세요.

> 보기
> 외국어는 자주 <u>사용해야</u> 잊어버리지 않는다.
> (사용하다)

1) 여권을 _____ 해외여행을 갈 수 있다.
   (만들다)

2) 비밀번호를 _____ 이메일 로그인을 할 수 있다.
   (알다)

3) 감기는 무리하지 않고 푹 _____ 잘 낫는다.
   (쉬다)

4) 길이 막혀서 조금 _____ 약속 시간을 지킬 수 있을 것 같다.
   (서두르다)

3 〈보기〉와 같이 대화를 완성하세요.

> 보기
> 가: 이 공연장에 아이가 혼자 들어갈 수 있어요?
> 나: 7세 이하 아이는 보호자가 <u>있어야</u> 들어갈 수 있어요.
> (있다)

1) 가: 오늘 몇 시에 출발할 수 있어요?
   나: 오늘 _____ 출발할 수 있어요.
   (업무가 다 끝나다)

2) 가: 흐엉 씨는 많이 걷는 편이지요?
   나: 네. 하루에 한 시간 이상 _____ 건강에 좋아요.
   (걷다)

3) 가: 저는 가끔 중요한 일정을 잊어버려서 걱정이에요.
   나: 그럼 메모를 해 보세요. _____ 실수를 하지 않아요.
   (메모를 잘 해 놓다)

4) 가: 타미 씨는 시험공부를 정말 열심히 하네요.
   나: 네. 이번 _____ 4단계로 올라갈 수 있어요.
   (시험을 잘 보다)

Track 27

1 다음 대화를 듣고 빈칸에 알맞은 말을 쓰세요. 그리고 말해 보세요. 🎧

1) 가: 한국어를 재미있게 배우는 방법이 있어요?

나: 스마트폰 앱을 이용해 보세요.

　　요즘 한국어 학습 앱이 _____.

2) 가: 집에서도 혼자 한국어를 공부할 수 있어요?

나: 그럼요. 꼭 _____ 공부할 수 있는 게 아니에요.

3) 가: 요즘 제가 쓰는 한국어 어휘 공부 앱이 있는데 알려 줄까요?

나: 좋아요. 어떤 앱이에요?

가: 제가 보내 줄게요. 한번 _____.

Track 28

2 다음 대화를 듣고 물음에 답하세요. 🎧

1) 고천 씨의 친구는 영상을 보면서 무엇을 배웁니까?

_____

2) 들은 내용과 같으면 ○, 다르면 X 하세요.

❶ 고천 씨는 애완동물을 좋아한다.　　　　　　　　(　　)

❷ 고천 씨는 식당을 소개하는 영상을 자주 본다.　　(　　)

❸ 고천 씨와 후엔 씨는 같이 유튜브 영상을 만든다.　(　　)

1 다음을 읽고 읽은 내용과 같으면 ○, 다르면 X 하세요.

한국 문화일보

인터넷과 스마트폰에 빠진 청소년

- 초·중·고생 대상 온라인 조사 결과
  중학생의 인터넷·스마트폰 사용이 가장 많아
- 청소년 하루 평균 3~4시간 이상
  인터넷에 접속
- 청소년의 인터넷과 스마트폰 중독
  연령대가 매년 낮아져

5만 5천 명 7만 2천 명 6만 4천 명

초등학생 중학생 고등학생

1) 고등학생이 중학생보다 스마트폰을 더 많이 사용한다. ( )

2) 청소년의 인터넷·스마트폰 중독이 심각해지고 있다. ( )

3) 청소년은 하루 평균 다섯 시간 동안 인터넷을 한다. ( )

2 다음은 스마트폰 사용에 대한 글입니다. 글을 읽고 물음에 답하세요.

언제나 어디서나 우리는 스마트폰으로 다른 사람들과 소통을 할 수 있습니다. 집에서도 집밖에서도 스마트폰으로 쉽게 연락을 합니다. 일을 할 때도 쉬는 시간에도 스마트폰을 확인합니다. 스마트폰 덕분에 사람들과 빨리 연락할 수 있어서 좋습니다. 하지만 스마트폰 때문에 위험한 사고도 생깁니다. 길을 걸을 때 스마트폰을 봐도 괜찮을까요? 운전을 할 때 스마트폰을 사용해도 안전할까요? 최근 스마트폰 때문에 교통사고가 증가하고 있습니다. 길을 걸을 때는 스마트폰이 아니라 주변을 잘 봐야 합니다. 운전할 때는 운전에만 집중해야 합니다. 이와 같이 스마트폰을 사용할 때는 안전 문제도 꼭 생각해야 합니다.

1) 스마트폰 사용에 대해 어떤 문제를 이야기하고 있습니까?

_____

2) 윗글의 내용과 같은 것을 고르세요.

❶ 교통사고와 스마트폰 사용은 관계가 없다.

❷ 길을 걸을 때 스마트폰에 집중하면 안 된다.

❸ 스마트폰을 사용할 때 운전하는 사람보다 걷는 사람이 더 위험하다.

1 다음은 '스마트폰을 현명하게 사용하는 방법'에 대한 글입니다. 메모를 참고하여 글을 완성하세요.

메모	
내가 스마트폰으로 하는 일	정보 검색, 에스엔에스(SNS), 한국어 공부
스마트폰 사용의 문제점	눈이 아픔, 자세가 안 좋아짐, 잠을 잘 못 잠
스마트폰을 현명하게 사용하는 방법	- 스마트폰 사용 시간 정하기 - 자기 전에 스마트폰 끄기

　　나는 매일 스마트폰으로 많은 일을 한다. 필요한 정보도   ¹⁾

친구들과 에스엔에스(SNS)도 한다. 한국어 공부를 할 때도 스마트폰을 사용한다.

그런데 요즘 스마트폰을 너무 오래 봐서   ²⁾   때가 있다. 손에 계속

스마트폰을 들고 있으니까   ³⁾   안 좋아졌다. 밤에 스마트폰으로

유튜브 영상을 보느라   ⁴⁾   때도 있다. 그래서 스마트폰을

현명하게 사용하기 위해 나는 스마트폰   ⁵⁾   을/를 정했다. 그리고

자기 전에 꼭   ⁶⁾   기로 했다.

15과 고민과 상담

어휘

1 〈보기〉에서 알맞은 것을 골라 문장을 완성하세요.

> **보기**   성격   진로   불면증   학부모 모임   제자리걸음

1) 요즘 나는 시험공부 때문에 스트레스가 심해서 ＿＿＿＿＿＿＿이/가 생겼다.

2) 선배를 만나서 ＿＿＿＿＿＿＿ 상담을 한 후 나는 대학원에 가기로 했다.

3) 내일은 우리 아이 학교에서 ＿＿＿＿＿＿＿이/가 있는 날이다.

4) 이링 씨는 나하고 말도 잘 통하고 ＿＿＿＿＿＿＿이/가 잘 맞는 친구다.

5) 열심히 공부하는데도 내 한국어 실력이 계속 ＿＿＿＿＿＿＿(이)라서 고민이다.

2 다음 문장에 알맞은 것을 고르세요.

1) 요즘 여러 가지 문제로 머리가 (❶ 복잡하다, ❷ 시원하다).

2) 진로 고민이 생겨서 선생님께 조언을 (❶ 나누었다, ❷ 구했다).

3) 큰 고민을 (❶ 해결해서, ❷ 완성해서) 내 마음이 가벼워졌다.

4) 다음 주에 중요한 회의가 있어서 주말인데도 자꾸 신경이 (❶ 둔하다, ❷ 쓰인다).

5) 이유 없이 자주 마음이 (❶ 가벼워질, ❷ 우울해질) 때는 심리 상담을 받아 보는 것이 좋다.

3 관계있는 것을 연결하고 문장을 완성하세요.

1) 골치가 •   • ❶ 캄캄하다

2) 눈앞이 •   • ❷ 못 뻗고 자다

3) 속이 •   • ❸ 아프다

4) 발을 •   • ❹ 타다

1) 다음 달에 이사를 하는데 이것저것 준비할 것이 너무 많아서 _____.

2) 공항에서 지갑과 여권을 잃어버리면 _____ 것이다.

3) 그 아이는 부모 _____ 것도 모르고 늦은 시간까지 연락이 없었다.

4) 고향에 계신 부모님이 편찮으셔서 요즘 나는 하루도 _____.

4 〈보기〉에서 알맞은 것을 골라 문장을 완성하세요.

> **보기** 되풀이하다   일정하다   덜다   털어 버리다   병행하다

1) 나는 매월 수입이 _____ 않아서 돈 관리가 쉽지 않다.

2) 일과 육아를 _____ 것이 쉽지 않지만 아이들이 잘 자라는 걸 보면 행복하다.

3) 지금까지 안 좋은 기억은 모두 _____ 좋은 일만 생각하세요.

4) 나는 같은 실수를 _____ 않으려고 노력한다.

5) 2년 동안 취업 준비를 한 오빠가 취업에 성공해서 우리 부모님은 큰 걱정을 _____.

동-으려던 참이다

1 다음 표를 완성하세요.

기본형	-으려던 참이다/려던 참이다	기본형	-으려던 참이다/려던 참이다
나가다	나가려던 참이다	(상담을) 받다	
마시다		먹다	
(도움을) 청하다		입다	
만들다		시작하다	시작하려던 참이다
★돕다		★듣다	

2 관계있는 것을 연결하세요.

1) 커피를 마시려던 참이었는데 •

2) 도서관에 가려던 참이었는데 •

3) 새로 나온 영화를 보려던
   참이었는데 •

4) 오랜만에 연락을 드리려던
   참이었는데 •

• ❶ 오늘 휴관일이어서 못 갔어요.

• ❷ 선생님께서 먼저 연락을
   주셨어요.

• ❸ 마침 친구가 사 왔어요.

• ❹ 마침 무료 초대권이 생겼어요.

3 〈보기〉와 같이 대화를 완성하세요.

> 보기
> 가: 우리 같이 한국 요리 수업을 신청할까요?
>
> 나: 그렇지 않아도 저도 <u>신청하려던 참이었어요</u>.
> (신청하다)

1) 가: 이링 씨한테 무슨 일이 있어요? 지난주부터 연락이 잘 안 되네요.

   나: 안 그래도 저도 궁금해서 _____.
   (연락해 보다)

2) 가: 어제 잠을 잘 못 잤어요? 피곤해 보여요.

   나: 안 그래도 요즘 불면증이 심해서 _____.
   (상담을 받다)

3) 가: 지금 어디예요? 저는 조금 전에 약속 장소에 도착했어요.

   나: 그래요? 지금 _____. 저도 곧 도착할 거예요.
   (버스에서 내리다)

4) 가: 물 한 잔 드릴까요?

   나: 네, 안 그래도 목이 말라서 _____ 고마워요.
   (마시다)

동-자마자

1 〈보기〉와 같이 문장을 완성하세요.

> 보기
> 나는 집에 <u>돌아오자마자</u> 편한 옷으로 갈아입었다.
> (돌아오다)

1) 나는 _____ 대학원에 진학했다.
   (대학교를 졸업하다)

2) 나는 _____ 부모님께 선물을 사드렸다.
   (첫 월급을 받다)

3) 된장찌개는 _____ 바로 먹을 때가 가장 맛있다.
   (끓이다)

4) 아주 피곤한 날은 _____ 잠이 든다.
   (침대에 눕다)

2 관계있는 것을 연결하세요.

1) 우리는 만나자마자 •

2) 저녁을 먹자마자 •

3) 엄마가 밖으로 나가자마자 •

4) 내가 뛰어가서 타자마자 •

• ❶ 기차가 바로 출발했다.

• ❷ 사랑에 빠졌다.

• ❸ 바로 자는 것은 건강에 좋지 않다.

• ❹ 아기가 울기 시작했다.

3 〈보기〉와 같이 대화를 완성하세요.

> 보기
> 가: 보통 한국어 숙제를 언제 해요?
> 나: 저는 <u>수업이 끝나자마자</u> 숙제를 하는 편이에요.
>   (수업이 끝나다)

1) 가: 회사에 출근하면 무엇부터 해요?

   나: 저는 _____ 그날 일정을 확인해요.
             (회사에 출근하다)

2) 가: 아침에 일어나서 가장 먼저 하는 일이 뭐예요?

   나: 저는 _____ 10분 동안 스트레칭을 해요.
             (아침에 일어나다)

3) 가: 김치는 _____ 먹어야 해요?
             (담그다)

   나: 아니요, 김치는 바로 먹어도 되지만 익은 김치도 맛있어요.

4) 가: 그 식당은 _____ 손님들이 줄을 서요.
             (문을 열다)

   나: 그래요? 우리도 다음에 같이 한번 가 봐요.

Track 29

1 다음 대화를 듣고 빈칸에 알맞은 말을 쓰세요. 그리고 말해 보세요. 🎧

1) 가: 잠깐 쉬었다가 할까요?

   나: 네, 좋아요. 안 그래도 지금 _____.

2) 가: 어제 한국어 수업이 _____ 뭐 했어요?

   나: 친구들하고 점심 먹으러 갔어요.

3) 가: 한국어 실력이 잘 _____.

   나: 너무 걱정하지 마세요. 열심히 공부하고 있으니까 금방 좋아질 거예요.

Track 30

2 다음 대화를 듣고 물음에 답하세요. 🎧

1) 고천 씨가 상담을 받고 있습니다. 무엇을 하려고 합니까?

   _____

2) 들은 내용과 같으면 ◯, 다르면 X 하세요.

   ❶ 고천 씨는 마트에서 일한 경험이 있다.   (   )

   ❷ 고천 씨는 센터 근처 식당에서 일하고 있다.   (   )

   ❸ 상담사는 고천 씨에게 아르바이트 정보를 주었다.   (   )

1 다음을 읽고 읽은 내용과 같으면 ○, 다르면 X 하세요.

사회통합프로그램 이민자 멘토단 모집

한국 사회에 성공적으로 정착한
이민자를 찾습니다.
여러분의 한국 생활 경험과
노하우를 후배 이민자에게
들려주세요.

선발 인원	총 30명
신청 자격	– 만 25세 이상 이민자(재한 외국인 또는 귀화한 국민) – 한국 거주 5년 이상 – 한국어로 강의가 가능한 사람
활동 기간	1년
제출 서류	사회통합프로그램 이민자 멘토단 신청서, 자기소개서, 자기소개 동영상
신청 방법	법무부 홈페이지 참고

1) 이민자 멘토단 삼십 명을 선발할 계획이다. ( )

2) 한국에 온 지 삼 년 된 사람도 이민자 멘토가 될 수 있다. ( )

3) 이민자 멘토단 신청을 하려면 자기소개 동영상을 준비해야 한다. ( )

2 다음 글을 읽고 물음에 답하세요.

수 신	행복 상담 센터장	발 신	웬티항
제 목	상담을 신청합니다.		

센터장님, 안녕하세요? 아이의 학교 문제로 상담을 받고 싶습니다. 저는 한국에 온 지 이 년이 되었고 제 아들은 일 년 전에 한국에 들어왔습니다.

제 아들은 이제 한국어로 학교생활을 할 수 있습니다. 그런데 국어나 사회 과목처럼 어려운 어휘가 많이 나오는 수업은 아주 힘들어합니다. 친구들과 수준이 많이 달라서 저도 걱정입니다. 학교 공부를 제가 가르쳐 줄 수도 없고 한국 아이들이 다니는 학원에 보낼 수도 없고요. 어떻게 하면 좋을지 고민입니다.

1) 누가 누구에게 보내는 이메일입니까?

_____

2) 윗글의 내용과 같은 것을 고르세요.

❶ 웬티항 씨는 한국어 실력이 늘지 않아서 고민이다.

❷ 웬티항 씨는 2년 전부터 한국에서 살고 있다.

❸ 웬티항 씨는 아들을 학원에 보내려고 한다.

1 다음은 '한국 생활의 어려움과 극복 방법'에 대해 쓴 글입니다. 메모를 참고하여 글을 완성하세요.

메모	
가장 어려웠던 점	너무 개인적인 질문을 하는 것(나이, 가족 관계 등)
극복 방법	잘 모르면 한국 친구한테 물어보기
후배들에게 조언하고 싶은 것	문화의 다양성을 이해하려고 노력하기

　　나는 한국에 온 지 6년이 된 이민자다. 한국 생활에서 가장 어려웠던 점은 한국인이

나에게 너무 개인적인 　1)　　　　　　　　　　　　 것이었다. 친하지 않은데

2)　　　　　　　　　　　　 (이)나 　3)　　　　　　　　　　　　 을/를 나에게

갑자기 묻는 것을 처음에는 이해하기 어려웠다. 그래서 나는 잘 모르는 것이 생길 때마다

4)　　　　　　　　　　　　. 내 친구는 한국 사람들이 개인적인 질문을 하는 것은

관심과 친근감의 표현이라고 알려 주었다. 친구의 설명을 들으니까 잘 이해가 되었고

나라마다 문화가 다르다는 것을 느꼈다. 그래서 나는 후배 이민자들에게 이 말을 꼭 해

주고 싶다. "한국 생활의 어려움을 극복하는 가장 좋은 방법은 문화의 다양성을

5)　　　　　　　　　　　　 것입니다."

16과 기후와 날씨

어휘

1 〈보기〉에서 알맞은 것을 골라 문장을 완성하세요.

> **보기**　　마스크　　　확률　　　영하　　　외출　　　일교차

1) 오늘 낮에는 따뜻했는데 밤에는 기온이 ＿＿＿＿＿＿＿＿(으)로 뚝 떨어졌다.

2) 요즘은 ＿＿＿＿＿＿＿＿이/가 커서 감기에 걸리기 쉽다.

3) 나는 ＿＿＿＿＿＿＿＿을/를 하기 전에 일기 예보를 확인하는 습관이 있다.

4) 오늘은 비가 올 ＿＿＿＿＿＿＿＿이/가 높아서 우산을 가지고 나왔다.

5) 미세 먼지가 많은 날은 건강을 위해 ＿＿＿＿＿＿＿＿을/를 쓰는 것이 좋다.

2 다음 문장에 알맞은 것을 고르세요.

1) 불이 나서 주민들이 모두 안전한 곳으로 (❶ 대피했다, ❷ 교환했다).

2) 비가 (❶ 그치면, ❷ 그만하면) 나는 공원에서 운동하려고 한다.

3) 점심 식사 후에 졸음이 (❶ 나와서, ❷ 와서) 커피를 마셨다.

4) 오늘 하루 종일 아무것도 못 먹어서 기운이 하나도 (❶ 작다, ❷ 없다).

5) 스트레칭을 하면 근육의 긴장을 (❶ 풀 수 있다, ❷ 열 수 있다).

3 관계있는 것을 연결하고 문장을 완성하세요.

1) 가을을 •   • ❶ 심하다

2) 독감에 •   • ❷ 들다

3) 고열이 •   • ❸ 걸리다

4) 우울한 기분이 •   • ❹ 타다

1) 나는 계절의 변화에 민감한데 특히 _____ 편이다.

2) _____ 않도록 예방 주사를 맞는 것이 좋다.

3) 어제부터 _____ 해열제를 먹으니까 괜찮아졌다.

4) 나는 _____ 때 산책을 하면서 좋은 생각을 하려고 노력한다.

4 〈보기〉에서 알맞은 것을 골라 문장을 완성하세요.

보기	올라가다	섭취하다	떨어지다	그치다	나른하다

1) 폭염 주의보가 내려진 날은 수분을 충분히 _____ 것이 좋다.

2) 어제 낮 시간에 최고 기온이 39도까지 _____.

3) 소나기가 _____ 예쁜 무지개가 떴다.

4) 피곤할 때는 보통 때보다 집중력이 _____.

5) 봄철에는 춘곤증 때문에 몸이 _____ 피곤할 때가 있다.

동형 -을 텐데

1 다음 표를 완성하세요.

기본형	-을 텐데/ㄹ 텐데	-았을 텐데/었을 텐데
오다		
그치다	그칠 텐데	
외출하다		
많다		
불편하다		
쓰다		
★듣다		
★알다		알았을 텐데
★어렵다		

2 〈보기〉와 같이 문장을 완성하세요.

> 보기
> 지금 길이 많이 막힐 텐데 대중교통을 이용하는 것이 어때요?
>   (막히다)

1) 오늘 _____ 우산을 가져왔어요?
      (비가 오다)

2) _____ 시간 내 주셔서 정말 감사합니다.
   (바쁘시다)

3) 시간이 늦어져서 _____ 빨리 식사하세요.
               (배고프다)

4) 선생님, 제가 개인 사정으로 다음 수업 시간에 _____ 어쩌지요?
                              (조금 늦게 도착하다)

3 〈보기〉와 같이 대화를 완성하세요.

> **보기** 가: 김치찌개가 조금 <u>매울 텐데</u> 먹을 수 있어요?
>   (맵다)
>   나: 그럼요, 저 매운 거 잘 먹어요.

1) 가: 고향의 가족들이 많이 _____ 자주 연락해요?
                        (보고 싶다)

   나: 네, 가족들과 매일 연락해요.

2) 가: 먼저 오신 손님이 계셔서 조금 _____ 잠시만 기다려 주세요.
                              (시간이 걸리다)

   나: 네, 알겠어요.

3) 가: 지난번 _____ 100점을 받았네요. 축하해요.
              (시험이 어려웠다)

   나: 고마워요. 제가 운이 좋았어요.

4) 가: 면접시험이 많이 _____ 잘 끝났어요?
                     (긴장됐다)

   나: 실수는 안 했지만 너무 떨려서 제가 무슨 말을 했는지 모르겠어요.

동 -어 있다

1 다음 표를 완성하세요.

기본형	-아 있다/어 있다	기본형	-아 있다/어 있다
들어가다		앉다	
멈추다	멈춰 있다	모이다	
놓이다		열리다	
안기다		닫히다	닫혀 있다
★눕다		꺼지다	

2 〈보기〉와 같이 문장을 완성하세요.

> **보기** 벽에 그림이 <u>걸려 있어요</u>.
> (걸리다)

1) 아기가 엄마한테 _____.
(안기다)

2) 교실 앞에 태권도 체험 안내문이 _____.
(붙다)

3) K-pop 콘서트 공연장 앞에 많은 사람들이 _____.
(모이다)

4) 시계가 _____ 지금 몇 시인지 모르겠어요.
(멈추다)

3 〈보기〉와 같이 대화를 완성하세요.

> **보기** 가: 아무도 없는데 사무실 문이 <u>열려 있어서</u> 깜짝 놀랐어요.
> (열리다)
> 나: 제가 청소를 하려고 조금 전에 열어 놓았어요.

1) 가: 약을 사야 하는데 약국 문이 벌써 _____.
(닫히다)

나: 우리가 너무 늦게 온 것 같아요.

2) 가: 미안해요. 아까 제 휴대 전화가 _____ 바로 답을 못했어요.
(꺼지다)

나: 그렇군요. 무슨 일이 있나 걱정했어요.

3) 가: 여기 지갑이 _____.
(떨어지다)

나: 분실물 센터에 가서 신고하는 것이 좋겠어요.

4) 가: 지금 어디예요? 먼저 도착하면 식당에 들어가서 _____.
(앉다)

나: 알겠어요. 먼저 자리 잡고 기다릴게요.

Track 31

1 다음 대화를 듣고 빈칸에 알맞은 말을 쓰세요. 그리고 말해 보세요.

1) 가: 비가 와도 이번 주말 행사를 진행한다고 해요.

   나: 비가 오면 사람들이 _____?

2) 가: 일기 예보 봤어요? 오늘 _____.

   나: 그래요? 그럼 밖에서 하는 경기는 무리겠네요.

3) 가: 아까 여러 번 전화를 드렸는데 연락이 안 됐습니다.

   나: 아까는 제 _____ 연락을 못 받았습니다. 죄송합니다.

Track 32

2 다음 대화를 듣고 물음에 답하세요.

1) 요즘 날씨가 아닌 것은 무엇입니까?

   ❶ 아침에는 여름 날씨 같다.

   ❷ 저녁 날씨가 쌀쌀하다.

   ❸ 낮 기온이 많이 올랐다.

2) 들은 내용과 같으면 ○, 다르면 X 하세요.

   ❶ 아나이스 씨는 감기에 걸렸다.   (   )

   ❷ 요즘 일교차가 심하다.   (   )

   ❸ 아나이스 씨와 제이슨 씨는 요즘 입을 옷을 사려고 한다.   (   )

1 다음을 읽고 읽은 내용과 같으면 ○, 다르면 X 하세요.

> 오늘, 서울 33도 무더위...
> 물 충분히 마셔야

> 경기, 강원 등도
> 내일 낮 기온 30도 이상

> 제주 내일 오후부터 호우...
> 외출 주의해야

> 광주, 모레부터 매우 강한
> '비 소식'

1) 요즘 한국의 계절은 가을이다. (   )

2) 내일 제주도는 외출하기에 좋은 날씨다. (   )

3) 이틀 후부터 광주에는 큰비가 올 것이다. (   )

2 다음은 날씨와 건강에 대한 글입니다. 글을 읽고 물음에 답하세요.

> 더운 날씨에 차가운 물을 자주 마시면 건강에 좋을까? 대한병원 박○○ 원장은 "너무 차가운 물보다 따뜻한 물이 건강에 좋다."고 말한다. 덥다고 해서 찬 음식을 자주 먹으면 배탈이 나기 쉽고 설사를 할 수 있다. 차가운 음식을 먹었을 때 처음에는 시원하다고 느낀다. 하지만 차가운 음식 때문에 우리 몸의 온도가 너무 떨어져서 소화가 잘 안 될 수도 있다. 만약 찬물을 먹고 싶을 때는 한꺼번에 마시지 않는 것이 좋다. 물을 조금씩 입안에 넣고 음식을 씹는 것처럼 천천히 마셔야 건강에 좋다.

1) 물을 건강하게 마시는 법은 무엇입니까?

_____

2) 윗글의 내용과 같은 것을 고르세요.

❶ 찬물은 빨리 마시는 것이 건강에 좋다.

❷ 더운 날씨에 찬 음식을 먹으면 소화가 잘된다.

❸ 찬물을 마실 때는 여러 번 나누어서 마시는 것이 좋다.

고향의 요즘 계절과 여행할 때 주의할 점에 대한 글입니다. 메모를 참고하여 글을 완성하세요.

메모	
고향	베트남 달랏
요즘 계절	여름(4월~6월), 기온(24도~31도)
옷차림	얇고 편한 옷
요즘 날씨	가끔 비
여행할 때 주의할 점	- 비옷, 우산, 겉옷 준비 - 일교차에 감기 주의

　　내 고향은 베트남 달랏이다. 달랏은 4월부터 6월까지가 여름인데 이때

1)　　　　　　　　　　24도에서 31도 정도이다. 달랏에 여행갈 때 옷차림은

2)　　　　　　　　　　. 여름옷이니까 여유 있게 준비해도 가방이 많이

무겁지 않을 것이다. 그리고 요즘은 가끔 3)

때문에 4)　　　　　　　　　　　　　　　　　　　　　　.

낮과 밤의 일교차가 있어서 5)　　　　　　　　　　않도록 주의해야 한다. 다른 나라를

여행할 때는 요즘이 어떤 계절인지, 어떤 옷차림이 좋은지를 먼저 알아보는 것이 좋다.

모범 답안

1 대인 관계

어휘 p. 10

1. 1) 방법 2) 부하 직원 3) 공감대
4) 예의 5) 지시

2. 1) ① 2) ② 3) ① 4) ① 5) ②

3. 1) 의도 2) 사이 3) 편견 4) 생활 방식

4. 1) ③ 2) ④ 3) ① 4) ②

문법 p. 12

동형 -고 해서

1. 1) 좋고 해서 2) 막히고 해서
3) 멀고 해서 4) 답답하고 해서

2. 1) ③, 가깝고 해서 저는 시장에 자주 가요
2) ④, 생활비도 많이 들고 해서 아르바이트를 하나 더 하려고 해요
3) ①, 아이들 학교도 멀고 해서 학교 근처로 이사 갈 계획이에요
4) ②, 고향 친구와 통화도 자주 하고 해서 가까이 있는 느낌이에요

3. 1) 고향에서 가족이 오고 해서
2) 아침을 늦게 먹고 해서
3) 기름값이 많이 들고 해서
4) 건강도 안 좋은 것 같고 살도 찌고 해서

동형 -으면 되다

1.

기본형	-으면 되다/ 면 되다	기본형	-으면 되다/ 면 되다
말하다	말하면 되다	보내다	보내면 되다
같다	같으면 되다	사귀다	사귀면 되다
지키다	지키면 되다	끊다	끊으면 되다
만나다	만나면 되다	신청하다	신청하면 되다
크다	크면 되다	만들다	만들면 되다
★가깝다	가까우면 되다	★짓다	지으면 되다

2. 1) 들어 주면 된다
2) 예약하면 된다
3) 상담을 받으면 된다
4) 도착하면 된다

3. 1) 올라가시면 돼요
2) 보내시면 됩니다
3) 신청하시면 돼요
4) 영상 통화하면 돼요

말하기와 듣기 p. 15

1. 1) 연락도 끊기고 해서
2) 다시 물어보면 돼요
3) 시험 끝나고 하루 종일 푹 쉬면 돼요

2. 1) 한국인 친구를 사귀는 방법을 물어봤습니다.
2) ① X 2) ○ 3) ○

읽기 p. 16

1. 1) ○ 2) X 3) ○

2. 1) ③ 2) ③

쓰기 p. 17

1) 한국 생활에 적응도 많이 했고 한국인 친구도 많이 사귀었습니다
2) 에스엔에스(SNS)로 볼링 동호회를 먼저 찾았습니다
3) 모임이 있을 때마다 꼭 참석했습니다

2 성격

어휘 p. 18

1. 1) 성격이 급해서
2) 내성적이어서
3) 느긋해서
4) 무뚝뚝해서
5) 적극적인

2. 1) ① 2) ① 3) ① 4) ② 5) ①

3. 1) ② 2) ④ 3) ① 4) ③

4. 1) 자상하 2) 예민한 3) 활발하 4) 신중하

문법 p. 20

형 **–어지다**

1.

기본형	–아지다/어지다	기본형	–아지다/어지다
복잡하다	복잡해지다	높다	높아지다
길다	길어지다	느긋하다	느긋해지다
신중하다	신중해지다	★나쁘다	나빠지다
★다르다	달라지다	★크다	커지다
★덥다	더워지다	★하얗다	하얘지다

2. 1) 편리해졌다 2) 넓어졌다 3) 좋아졌다
4) 무거워져서 5) 익숙해진

3. 1) 복잡해졌어요 2) 빨개져요
3) 짧아졌어요 4) 가까워져서

동형 **–는 대신(에)**

1.

기본형	–는 대신(에)	기본형	–은/ㄴ 대신(에)
웃다	웃는 대신에	친절하다	친절한 대신에
주다	주는 대신에	다르다	다른 대신에
걷다	걷는 대신에	많다	많은 대신에
덜렁거리다	덜렁거리는 대신에	소극적이다	소극적인 대신에
청소하다	청소하는 대신에	★길다	긴 대신에
★살다	사는 대신에	★아름답다	아름다운 대신에

2. 1) 비싼 대신에 2) 적은 대신에
3) 가는 대신에 4) 사는 대신에

3. 1) 깨끗한 대신에 2) 힘든 대신에
2) 적극적인 대신에 4) 도와주는 대신에

말하기와 듣기 p. 23

1. 1) 느긋한 대신에 꼼꼼해서
2) 노력하면 달라질 거예요
3) 무뚝뚝한 편이어서

2. 1) ①
2) ① O ② O ③ X

읽기 p. 24

1. 1) O 2) X 3) X

2. 1) ② 2) ③

쓰기 p. 25

1) 활발하고 적극적인 성격으로
2) 사람들을 사귀기 어렵
3) 항상 자신감 없는 사람처럼 보이
4) 사람들을 많이 만날 수 있는 모임에 자주 참석해서

3 지역 복지 서비스

어휘 p. 26

1. 1) 노인 2) 상담 3) 교육 4) 대여

2. 1) ① 2) ① 3) ② 4) ② 5) ①

3. 1) ③ 2) ④ 3) ① 4) ②

4. 1) 통번역 서비스 2) 방문 상담
3) 무료 교육 4) 예방 접종

문법 p. 28

동형 **–는지 알다/모르다**

1.

기본형	–는지 알다/모르다	기본형	–은/ㄴ지 알다/모르다
받다	받는지 알다/모르다	다르다	다른지 알다/모르다
대여하다	대여하는지 알다/모르다	작다	작은지 알다/모르다
맡기다	맡기는지 알다/모르다	많다	많은지 알다/모르다
먹다	먹는지 알다/모르다	★길다	긴지 알다/모르다
사다	사는지 알다/모르다	★가깝다	가까운지 알다/모르다
★놀다	노는지 알다/모르다	★어떻다	어떤지 알다/모르다

2. 1) ②, 사람이 몇 명 있는지 모르겠어요
2) ①, 이번 주말에 날씨가 어떤지 아세요
3) ④, 잡채를 먹고 싶은데 어떻게 만드는지 아세요

4) ③, 무료로 컴퓨터를 배울 수 있는 곳이 어디인지
알고 싶어요

3. 1) 좋은지 아세요
   2) 어느 나라 사람인지 몰라요
   3) 얼마나 걸리는지 아세요
   4) 모이는지 아세요

동 -다가

1. 1) 만들다가   2) 울다가
   3) 자다가   4) 보다가

2. 1) ③, 부산에서 살다가 대구로 이사했다
   2) ①, 정리하다가 잃어버린 사진을 찾았다
   3) ④, 노래를 부르다가 가사를 잊어버려서
   4) ②, 내려가다가 넘어졌다

3. 1) 읽다가   2) 산책하다가
   3) 공부하다가   4) 놀다가

말하기와 듣기   p. 31

1. 1) 어디에 있는지 알아요
   2) 듣다가 잠이 들어요
   3) 노인 돌봄 서비스를 신청할 수 있으니까

2. 1) 매일 구직 상담을 받았습니다.
   2) ① O   ② X   ③ X

읽기   p. 32

1. 1) O   2) O   3) O

2. 1) ②   2) ①

쓰기   p. 33

1) 한국어를 못해서 생기는 다양한 문제를 해결할 수
   있다
2) 공공 기관을 큰 어려움 없이 이용할 수 있다
3) 서비스를 받을 수 있다
4) 직접 방문하거나 전화, 이메일, 팩스로 미리 신청하면
   된다

4   교환과 환불

어휘   p. 34

1. 1) 사이즈   2) 바느질
   3) 가격   4) 색상

2. 1) ①   2) ②   3) ①   4) ①   5) ①

3. 1) 개봉해   2) 환불하고   3) 교환하는

4. 1) 훼손되었습니다
   2) 문의해
   3) 상담해

문법   p. 36

동 -을 만하다

1.

기본형	-을 만하다/ㄹ 만하다	기본형	-을 만하다/ㄹ 만하다
먹다	먹을 만하다	보다	볼 만하다
읽다	읽을 만하다	가다	갈 만하다
입다	입을 만하다	마시다	마실 만하다
믿다	믿을 만하다	배우다	배울 만하다
★듣다	들을 만하다	구경하다	구경할 만하다
★살다	살 만하다	사용하다	사용할 만하다

2. 1) 읽을 만해요   2) 공부할 만해요(할 만해요)
   3) 먹을 만해요   4) 갈 만했어요(구경할 만했어요)

3. 1) 내용이 재미있어서 볼 만해요
   2) 약속을 잘 지켜서 믿을 만해요
   3) 많이 달거나 시지 않아서 할머니께서 드실 만해요
   4) 음식이 싸고 맛있어서 먹을 만해요

동 형 -어 가지고

1.

기본형	-아 가지고/어 가지고	기본형	-아 가지고/어 가지고
사다	사 가지고	먹다	먹어 가지고
보다	봐 가지고	없다	없어 가지고
오다	와 가지고	떨어지다	떨어져 가지고
많다	많아 가지고	★어렵다	어려워 가지고
작다	작아 가지고	★예쁘다	예뻐 가지고

기본형	-아 가지고/어 가지고
구매하다	구매해 가지고
환불하다	환불해 가지고
좋아하다	좋아해 가지고
친절하다	친절해 가지고
헐렁하다	헐렁해 가지고

2. 1) 예뻐 가지고
2) 커 가지고(헐렁해 가지고)
3) 늦게 일어나 가지고(늦잠을 자 가지고)
4) 운동해 가지고

3. 1) 비가 너무 많이 와 가지고 취소했어요
2) 매일 휴대 전화로 게임을 해 가지고 시력이 안 좋아졌어요
3) 어제 매운 음식을 먹어 가지고 배가 아파요
4) 맞는 사이즈가 없어 가지고 그냥 왔어요

말하기와 듣기   p. 39

1. 1) 얼룩이 있어 가지고요
2) 마실 만해요
3) 교환이나 환불이

2. 1) 가방 가게에서 이야기하고 있습니다.
2) ① X   ② O   ③ O

읽기   p. 40

1. 1) O   2) O   3) X

2. 1) 무선 이어폰에 대한 이야기입니다.   2) ③

쓰기   p. 41

1) 바지가 작아서(작아 가지고) 꽉 꼈습니다
2) 바지 밑 부분에 바느질이 잘못되어서(잘못되어 가지고) 걸을 때 불편했습니다
3) 영수증을 가지고 옷을 산 매장에 다시 방문했습니다
4) 큰 사이즈는 입을 만해서 환불하지 않고 교환했습니다

5   소비와 절약

어휘   p. 42

1. 1) 가계부   2) 메모   3) 적립 쿠폰
4) 충동구매   5) 할인 카드

2. 1) 식비   2) 경조사비   3) 문화생활비
4) 교육비   5) 교통비

3. 1) 지출 항목   2) 공과금   3) 의료비

4. 1) 비용이 부담스럽다   2) 비용을 줄일
3) 비용이 들   4) 메모를 할

문법   p. 44

명 이나/밖에

1. 1) 문화생활비로 30만 원이나 썼어요
2) 한 시간이나 기다렸어요
3) 친구가 열 명이나 왔어요
4) 혼자 삼 인분이나 먹었어요

2. 1) 두 시간밖에 못 해요(두 시간밖에 안 해요)
2) 라면밖에 없어요
3) 바나나 한 개밖에 못 먹었어요(바나나 한 개밖에 안 먹었어요)
4) 학생 한 명밖에 없어요(학생 한 명밖에 안 왔어요)

3. 1) 이나, 50점밖에 못 받았어요
2) 이나, 삼만 원밖에 안 나왔어요
3) 이나, 십 분밖에 안 해요
4) 나, 한 켤레밖에 없어요

동형 -는다고 하다

기본형	-는/ㄴ다고 하다	-았/었다고 하다
오다	온다고 하다	왔다고 하다
가다	간다고 하다	갔다고 하다
찾다	찾는다고 하다	찾았다고 하다
구입하다	구입한다고 하다	구입했다고 하다
듣다	듣는다고 하다	들었다고 하다
★만들다	만든다고 하다	만들었다고 하다

기본형	-다고 하다	-았/었다고 하다
싸다	싸다고 하다	쌌다고 하다
많다	많다고 하다	많았다고 하다
길다	길다고 하다	길었다고 하다
다르다	다르다고 하다	달랐다고 하다
저렴하다	저렴하다고 하다	저렴했다고 하다
춥다	춥다고 하다	추웠다고 하다

2. 1) 이 가게에서는 쿠폰을 사용할 수 없다고 했어요
   2) 다음 주에 시험이 있다고 하셨어요
   3) 매일 뉴스에서 생활 정보를 듣는다고 했어요
   4) 어제 아파서 학교에 못 갔다고 했어요

3. 1) 옷을 살 때 이월 상품을 사면 가격이 저렴하다고 했어요
   2) 쇼핑하기 전에 살 것을 미리 메모하면 충동구매를 하지 않는다고 했어요
   3) 전자 제품을 살 때 전시 상품을 사면 저렴하게 살 수 있다고 했어요
   4) 새 제품보다 중고 제품을 찾아서 구매한다고 했어요

말하기와 듣기 p. 47

1. 1) 이십만 원이나 들었어요
   2) 한 번밖에 못 봐요
   3) 가계부를 쓰는 것도 도움이 된다고 해요

2. 1) 합리적 소비를 하는 방법에 대해 이야기합니다.
   2) ① X   ② X   ③ X

읽기 p. 48

1. 1) O   2) O   3) X

2. 1) 요가에 대한 글입니다.   2) ③

쓰기 p. 49

1) 외식을 줄이고 직접 도시락을 만들어서 먹으면 좋다고 했어요
2) 한 달에 한 번만 외식하고 냉장고에 있는 재료로 직접 도시락을 만들려고 해요
3) 대중교통을 이용하는 것이라고 했어요
4) 택시 이용을 적게 하고 버스를 탈 거예요
5) 가까운 거리는 공유 자전거를 이용하거나 걸으려고 해요

6 주거 환경

어휘 p. 50

1. 1) 빌딩 숲   2) 비닐하우스
   3) 산업 단지   4) 문화 시설

2. 1) ①   2) ②   3) ①
   4) ①   5) ②

3. 1) 놀이터 - ①
   놀이터, 아이들이 놀 수 있는 공간이 너무 적은 것 같다고
   2) 산책로 - ③
   산책로, 몇몇 주민들이 목줄도 없이 반려견과 다녀서 불안하다고
   3) 체육 센터 - ②
   체육 센터, 샤워를 하는 중간에 갑자기 차가운 물이 나와서 불편하다고

4. ① 건축물   ② 평지   ③ 자연 경관

문법 p. 52

피동

1.

−이−		−히−		−리−		−기−	
보다	보이다	먹다	먹히다	열다	열리다	끊다	끊기다
놓다	놓이다	읽다	읽히다	팔다	팔리다	쫓다	쫓기다
쓰다	쓰이다	닫다	닫히다	걸다	걸리다	안다	안기다
쌓다	쌓이다	잡다	잡히다	물다	물리다	감다	감기다
바꾸다	바뀌다	막다	막히다	★듣다	들리다	찢다	찢기다

2. 1) 창문이 열려요(열렸어요)
   2) 책이 찢겼어요
   3) 길이 막혔어요

3. 1) 작은 물고기가 큰 물고기에게 먹혔어요
   2) 물고기가 낚시꾼에게 잡혔어요
   3) 잠시드 씨가 모기에 물렸어요
   4) 도둑이 경찰에게 쫓겨요

4. 1) 보여서
   2) 막혀서
   3) 바뀐 것 같아요
   4) 팔려요

동−자고 하다

1. 1) 내년에 꼭 결혼하자고 했어요
   2) 라민 씨가 고향에 돌아가니까 송별회를 하자고
   하셨어요
   3) 눈이 많이 쌓이면 같이 눈사람을 만들자고 했어요
   4) 한적하고 공기가 맑은 곳으로 이사를 가자고 했어요

2. 1) 도서관에서 같이 공부하자고 했어요
   2) 축구 동호회에 같이 가자고 했어요
   3) 다음에 만나자고 했어요
   4) 음식을 먹지 말자고 했어요

말하기와 듣기 p. 55

1. 1) 이사 가자고 했어요
   2) 놀러 가자고 하는데
   3) 들리고 좋겠어요

2. 1) 주거 환경에 대해 이야기합니다.
   2) ① X   ② X   ③ X

읽기 p. 56

1. 1) X   2) O   3) X

2. 1) 중국 후난성입니다.   2) ①

쓰기 p. 57

1) 사계절 내내 더운 편입니다
2) 비가 많이 오지 않아 건조합니다
3) 창문 밖으로 아름답고 한적한 나일강의 풍경이
보입니다

7 문화생활

어휘 p. 58

1. 1) 사물놀이   2) 뮤지컬   3) 연주회
   4) 전시회   5) 연극

2. 1) ①   2) ②   3) ①   4) ①   5) ②

3. 1) 제목   2) 공연 장소   3) 관람 연령
   4) 할인   5) 예약 번호

4. ① 기대   ② 무대   ③ 관람

문법 p. 60

동−으라고 하다 / 동형−냐고 하다

1.

기본형	−으라고/ 라고 하다	−냐고 하다		
		−냐고 하다	−았/었냐고 하다	−을/ㄹ 거냐고 하다
오다	오라고 하다	오냐고 하다	왔냐고 하다	올 거냐고 하다
찾다	찾으라고 하다	찾냐고 하다	찾았냐고 하다	찾을 거냐고 하다
싸다	*	싸냐고 하다	쌌냐고 하다	*
좋다	*	좋냐고 하다	좋았냐고 하다	*
★듣다	들으라고 하다	듣냐고 하다	들었냐고 하다	들을 거냐고 하다
★만들다	만들라고 하다	만드냐고 하다	만들었냐고 하다	만들 거냐고 하다
★돕다	도우라고 하다	돕냐고 하다	도왔냐고 하다	도울 거냐고 하다

2. 1) 자주 연락하라고 하셨어요

2) 수업에 늦지 말라고 하셨어요

3) 밖에 비가 오냐고 물어봤어요

4) 재미있었냐고 물었어요

3. 1) 오늘 저녁에 전화해 달라고 하셨어요

2) 내일 아침까지 상품을 정리하라고 해요

3) 할머니께 사과 좀 갖다드리라고 말했어요

4) 잠시드 씨에게 서류를 전해 주라고 하셨어요

4. 1) 몇 시까지 시험을 보냐고

2) 어느 나라에서 왔냐고

3) 회의가 몇 시냐고

4) 이번 주말에 뭐 할 거냐고

명 만큼

1. 1) 저만큼 커요

2) 지난번 집만큼 넓어요

3) 아내만큼 요리를 잘해요

4) 게임을 하는 것만큼 열심히 해요

2. 1) ③

2) ①, 하늘만큼 땅만큼 사랑하세요

3) ②, 바다만큼 넓어요

말하기와 듣기 p. 63

1. 1) 내일 어디에서 만나냐고

2) 아직 한국인만큼 잘하지 못해요

3) 연극을 보지요, 빨리 예매하라고

2. 1) 보고 싶은 공연에 대해 이야기합니다.

2) ① X ② X ③ O

읽기 p. 64

1. 1) X 2) O 3) X

2. 1) 뮤지컬 '오페라의 유령'에 대한 이야기입니다.

2) ③

쓰기 p. 65

1) 대학로 한국홀

2) 여자와 남자 주인공이 갑자기 같은 옥탑방에서 살게

되면서 일어나는

3) 기대만큼

4) 배우의 연기를 눈앞에서 직접 볼 수 있어서 좋았다

8 음식과 요리

어휘 p. 66

1. 1) 튀긴 2) 끓일 3) 삶으면

4) 찐 5) 다진

2. 1) ① 2) ① 3) ② 4) ① 5) ②

3. 1) 채소를 씻어요 2) 칼로 썰어요

3) 재료를 볶아요 4) 그릇에 담아요

4. 1) 간을 맞췄다 2) 후추를 뿌려서

3) 채를 썰고 4) 설탕에 절여서

문법 p. 68

사동 ①

1.

-이-		-히-		-리-	
먹다	먹이다	입다	입히다	살다	살리다
끓다	끓이다	앉다	앉히다	열다	열리다
붙다	붙이다	눕다	눕히다	울다	울리다
보다	보이다	읽다	읽히다	날다	날리다
죽다	죽이다	익다	익히다	알다	알리다
높다	높이다	넓다	넓히다	놀다	놀리다

-기-		-우-		-추-	
신다	신기다	타다	태우다	맞다	맞추다
남다	남기다	깨다	깨우다	낮다	낮추다
감다	감기다	돌다	돌우다	늦다	늦추다
맡다	맡기다	자다	재우다		
웃다	웃기다	쓰다	씌우다		
안다	안기다	서다	세우다		

2. 1) 슬기가 인형에게 예쁜 옷을 입혀요
2) 엄마가 아이에게 밥을 먹여요
3) 제이슨 씨가 안젤라 씨에게 가방을 맡겨요
4) 부모님께서 라흐만 씨에게 고향 소식을 알려요

3. 1) 엄마가 아이에게 모자를 씌워요
2) 엄마가 아이에게 옷을 입혀요
3) 엄마가 아이에게 과자를 먹여요
4) 엄마가 아이에게 장난감을 보여요

사동 ②

1. 1) 아기를 재워요
2) 환자를 살렸어요
3) 김치찌개를 끓여요
4) 음식의 간을 맞춰요

2. 1) 사람들을 웃겨요.
2) 친구를 깨워요.
3) 벽에 사진을 붙여요.

3. 1) 남겼어요
2) 익혀서
3) 울렸어요(울렸거든요)
4) 늦추셨어요

말하기와 듣기 p. 71

1. 1) 줄여 주시겠어요
2) 샐러드 위에 살짝 뿌렸어요
3) 익을 때까지 끓이면 돼요

2. 1) 떡볶이 만드는 방법에 대해 이야기합니다.
2) ②

읽기 p. 72

1. 1) ○ 　　2) ○ 　　3) X

2. 1) 냉이무침에 대한 이야기입니다. 　　2) ②

쓰기 p. 73

1) 마파두부

---

2) 프라이팬에 야채와 고기를 넣고 볶습니다
3) 물, 두부와 함께 프라이팬에 넣고 간을 맞춥니다
4) 참기름을 조금 뿌리면

9 고장과 수리

어휘 p. 74

1. 1) 전등 　　2) 전원 　　3) 액정
4) 가스불 　　5) 변기

2. 1) 물이 안 나와서
2) 문이 잠겼어요
3) 물이 새요
4) 와이파이 연결이 잘 안 돼요

3. 1) 서비스 센터 　　2) 무상 수리
3) 문의 　　4) 출장 서비스

4. 1) ③ 　　2) ④ 　　3) ⑤ 　　4) ② 　　5) ①

문법 p. 76

동 형 -어서 그런지

1.

기본형	-아서 그런지/어서 그런지	기본형	-아서 그런지/어서 그런지
높다	높아서 그런지	넓다	넓어서 그런지
켜다	켜서 그런지	조용하다	조용해서 그런지
막히다	막혀서 그런지	낮추다	낮춰서 그런지
학생이다	학생이어서 그런지	이민자이다	이민자여서 그런지
★잠그다	잠가서 그런지	★낫다	나아서 그런지
★다르다	달라서 그런지	★예쁘다	예뻐서 그런지
★어렵다	어려워서 그런지	★하얗다	하얘서 그런지

2. 1) 많아서 그런지 　　2) 오래돼서 그런지
3) 가까워서 그런지 　　4) 바빠서 그런지

3. 1) 지하철이 고장 나서 그런지
2) 커피를 많이 마셔서 그런지
3) 게임을 많이 해서 그런지
4) 외아들이어서 그런지

동-나요?, 형-은가요?

1.

기본형	-나요?	기본형	-은가요?/ㄴ가요?
나오다	나오나요?	나쁘다	나쁜가요?
받다	받나요?	피곤하다	피곤한가요?
고치다	고치나요?	좋다	좋은가요?
부르다	부르나요?	괜찮다	괜찮은가요?
먹다	먹나요?	적다	적은가요?
웃다	웃나요?	★멀다	먼가요?
듣다	듣나요?	★빨갛다	빨간가요?
★열다	여나요?	★춥다	추운가요?

2. 1) 먼가요   2) 넓은가요
    3) 타나요   4) 어디인가요

3. 1) 책을 몇 권 정도 읽나요
    2) 보고 싶은 사람이 누구인가요
    3) 무엇을 타고 다니나요
    4) 어디에 가고 싶은가요
    5) 한국인 친구들을 사귀었나요

말하기와 듣기   p. 79

1. 1) 음악을 크게 들어서 그런지
    2) 어떻게 하는 것이 좋은가요
    3) 전원이 안 켜져서

2. 1) 변기가 막혔습니다.
    2) ① O   ② O   ③ X

읽기   p. 80

1. 1) X   2) O   3) O

2. 1) ①   2) ②

쓰기   p. 81

1) 냉동이 잘 안 됩니다
2) 음식이 계속 녹습니다
3) 문을 열고 닫을 때마다
4) 수리 비용은 얼마 정도인가요

10   취업

어휘   p. 82

1. 1) 다문화 언어 강사   2) 가게
    3) 아르바이트   4) 통역

2. 1) ②   2) ③   3) ①   4) ④

3. ① 이력서   ② 서류   ③ 면접   ④ 합격 통보

4. 1) 영업직   2) 고등학교   3) 방문   4) 자격증

문법   p. 84

동-기 위해서

1. 1) 보내기 위해서   2) 놀기 위해서
    3) 돕기 위해서   4) 제출하기 위해서

2. 1) ④. 건강해지기 위해서 요즘 아침마다 운동해요
    2) ②. 나중에 가게를 차리기 위해서 열심히 돈을
       모으고 있어요
    3) ①. 회사에 늦지 않기 위해서 아침에 일찍
       일어났어요
    4) ⑤. 내일 면접을 잘 보기 위해서 면접 준비를
       열심히 했어요

동-어 놓다

1.

기본형	-아 놓다/어 놓다	기본형	-아 놓다/어 놓다
사다	사 놓다	고치다	고쳐 놓다
덮다	덮어 놓다	만들다	만들어 놓다
켜다	켜 놓다	틀다	틀어 놓다
쌓다	쌓아 놓다	요리하다	요리해 놓다
찾다	찾아 놓다	★모으다	모아 놓다
★쓰다	써 놓다	★굽다	구워 놓다

2. 1) 사 놓았어요   2) 만들어 놓았어요
    3) 열어 놓았어요   4) 세워 놓으세요

3. 1) 펴 놓았다   2) 켜 놓았다
    3) 닫아 놓   4) 걸어 놓았다

1. 1) 근무 환경이 좋은 회사
   2) 한국 회사에 취직하기 위해서
   3) 써 놓았어요, 제가 도와줄게요

2. 1) ②
   2) ① O   ② X   ③ X

읽기   p. 88

1. 1) O   2) O   3) X
2. 1) ②   2) ②

쓰기   p. 89

1) 하노이고등학교를
2) 한국초등학교에서 이중 언어 강사로 일한 경험이 있습니다
3) 한국어능력시험 5급에

11 부동산

어휘   p. 90

1. 1) 월세   2) 매매   3) 전세   4) 임대

2. 1) 교통   2) 편의 시설   3) 교육 환경
   4) 옵션   5) 전망

3. 1) ③   2) ②   3) ④   4) ①

4. 1) 부동산 중개소   2) 신축   3) 잔금

문법   p. 92

동형 −는 데다가

1.

기본형	−는 데다가/은 데다가/ㄴ 데다가	과거형	−은 데다가/ㄴ 데다가
자다	자는 데다가	잤다	잔 데다가
먹다	먹는 데다가	먹었다	먹은 데다가
운동하다	운동하는 데다가	★만들었다	만든 데다가
재미있다	재미있는 데다가	★들었다	들은 데다가
크다	큰 데다가	★주웠다	주운 데다가
좋다	좋은 데다가	★골랐다	고른 데다가
저렴하다	저렴한 데다가		
★놀다	노는 데다가		
★멀다	먼 데다가		
★춥다	추운 데다가		

2. 1) 먼 데다가   2) 잘하는 데다가
   3) 오는 데다가   4) 재미있는 데다가

3. 1) 품질이 좋은 데다가 가격이 저렴해서
   2) 잠을 못 잔 데다가 요즘 일이 많아서
   3) 경치가 아름다운 데다가 맛있는 해산물이 많아요
   4) 늦게 일어난 데다가 버스를 놓쳤어요

4. 1) 운동을 하는 데다가
   2) 방이 넓은 데다가
   3) 내용이 재미있는 데다가
   4) 일이 많지 않은 데다가

동 형 –는다

1.

기본형	–습니다/ㅂ니다	–는다/ㄴ다/다
오다	옵니다	온다
먹다	먹습니다	먹는다
모르다	모릅니다	모른다
아프다	아픕니다	아프다
춥다	춥습니다	춥다
맛없다	맛없습니다	맛없다
듣다	듣습니다	듣는다
공부하다	공부합니다	공부한다
★살다	삽니다	산다
★길다	깁니다	길다

2. 1) 멀다　　2) 한다　　3) 갈 것이다
4) 좋겠다　　5) 싶다

말하기와 듣기　p. 95

1. 1) 방이 세 개인 아파트를
2) 월세가 비싼 데다가 좀 작네요
3) 윗집이 시끄러운 데다가 룸메이트도 늦게까지
통화해서

2. 1) 안젤라 씨가 이사 간 집에 대해 이야기합니다.
2) ① X　　② X　　③ O

읽기　p. 96

1. 1) X　　2) X　　3) O
2. 1) 그 집에 사는 사람이 돈을 내야 합니다.
2) ③

쓰기　p. 97

1) 햇빛이 잘 들어온다
2) 온수가 잘 나온다
3) 옵션이 있어서
4) 시장이 가까이 있어서

어휘　p. 98

1. 1) 설날　　2) 추석　　3) 정월 대보름　　4) 동지

2. 1) 떡국　　2) 부럼　　3) 송편　　4) 팥죽

3. 1) 소원을 빌어요　　　　2) 연날리기를 했어요
3) 윷놀이를 하　　　　4) 차례를 지내

4. 1) ②, ③　　2) ①, ④

문법　p. 100

동 형 –어도

1. 1) 먹어도　　2) 추워도　　3) 공부해도　　4) 막혀도

2. 1) ④, 안경을 계속 찾아도 어디 있는지 모르겠어요
2) ①, 비싸도 꼭 그 휴대 전화를 살 거예요
3) ②, 한국 뉴스를 여러 번 들어도 이해가 되지
않아요
4) ③, 시간이 없어도 숙제를 꼭 해야 해요

동 –게 되다

1. 1) 보게 되었다
2) 입원하게 되었다
3) 받게 되었다
4) 살게 되었다
5) 못 가게 되었다

2. 1) 만나게 됐어요　　　2) 알게 됐어요
3) 쓰게 됐어요　　　4) 깨닫게 됐어요

3. 1) 어렸을 때는 뉴스를 안 봤는데 취업 후에는 뉴스를
자주 보게 됐어요
2) 한국에 오기 전에는 한국 문화를 잘 몰랐는데
한국에 온 후에는 한국 문화를 잘 알게 됐어요
3) 작년까지 요리를 잘 못했는데 요리를 배운 후에는
요리를 잘하게 됐어요
4) 한국어를 배우기 전에는 한국어 책을 안 읽었는데
한국어를 배운 후에는 한국어 책을 읽게 됐어요

말하기와 듣기   p. 103

1. 1) 윷놀이도 하고 떡국도 먹었어
   2) 역사 드라마를 보고 관심을 가지게 됐어요
   3) 아무리 바빠도 식사는 꼭 하세요

2. 1) 팥죽에 대해 이야기합니다.
   2) ① X   ② O   ③ O

읽기   p. 104

1. 1) O   2) O   3) X

2. 1) ③   2) ②

쓰기   p. 105

1) 조상들에게 고마움을 표현하기 위해서다
2) 집에 들어온다고 믿기 때문이다
3) 공부를 잘한다는 의미가 있다
4) 집에 연락 없이 찾아가면 안 된다

13   직장 생활

어휘   p. 106

1. 1) 서류   2) 회의   3) 결재   4) 업무 지시

2. 1) 작업 일지를 제출하   2) 작동을 확인하
   3) 재고를 정리해   4) 자재를 주문해서

3. 1) 판매직   2) 생산직   3) 사무직   4) 관리직

4. 1) 연봉   2) 월급   3) 시급   4) 일당

문법   p. 108

동-게 하다

1. 1) 김영욱 씨가 성민에게 따뜻한 옷을 입게 했어요
   2) 후엔 씨가 슬기에게 방 청소를 하게 했어요
   3) 반장님이 라흐만 씨에게 기계 작동을 확인하게 했어요
   4) 과장님이 안젤라 씨에게 모레까지 보고서를 제출하게 했어요

2. 1) ①, 과일을 많이 먹게 하세요
   2) ③. 30분씩 운동하게 하세요
   3) ②. 숙제를 먼저 하고 게임을 하게 하세요
   4) ⑤. 밤에 일찍 자게 하세요

동-어 가다

1.

기본형	-아 가다/어 가다	기본형	-아 가다/어 가다
오다	와 가다	되다	되어 가다
끝나다	끝나 가다	작성하다	작성해 가다
마시다	마셔 가다	준비하다	준비해 가다
만들다	만들어 가다	★쓰다	써 가다
배우다	배워 가다	★짓다	지어 가다

2. 1) 되어 가요   2) 풀어 가
   3) 만들어 가요   4) 닦아 가

3. 1) 먹어 가요   2) 와 가요
   3) 끝나 가요   4) 들어 가요

말하기와 듣기   p. 111

1. 1) 결재를 받을 게 있어서요
   2) 재고를 정리하게 했는데
   3) 못 먹게 해요, 다 나아 가긴 하는데

2. 1) ①
   2) ① X   ② X   ③ O

읽기   p. 112

1. 1) X   2) O   3) X

2. 1) ②   2) ②

쓰기   p. 113

1) 기계 작동을 확인하는 것이다
2) 부족한 자재가 있으면 주문한다
3) 작업 일지를 작성해서 반장님께 제출한다
4) 관리직에서 일하고 싶다

14 인터넷과 스마트폰

어휘 p. 114

1. 1) 인터넷 뱅킹 2) 인터넷 강의 3) 인터넷 쇼핑
   4) 댓글 5) 영상 통화

2. 1) ① 2) ① 3) ① 4) ② 5) ②

3. 1) 고립감 2) 지갑 3) 대중화 4) 검색 5) 교통사고

4. 1) ② 2) ④ 3) ① 4) ③

문법 p. 116

동 형 -잖아요

1.

기본형	-잖아요	-았/었잖아요
좋다	좋잖아요	좋았잖아요
기다리다	기다리잖아요	기다렸잖아요
아프다	아프잖아요	아팠잖아요
어렵다	어렵잖아요	어려웠잖아요
모르다	모르잖아요	몰랐잖아요
걷다	걷잖아요	걸었잖아요
살다	살잖아요	살았잖아요

2. 1) 편리하잖아요 2) 많잖아요
   3) 어둡잖아요 4) 걸었잖아요

3. 1) 싸잖아요 2) 밀리잖아요
   3) 안 들잖아요 4) 검색할 수 있잖아요

동 형 -어야

1.

기본형	-아야/어야	기본형	-아야/어야
찾다	찾아야	끝나다	끝나야
기다리다	기다려야	친절하다	친절해야
알다	알아야	살다	살아야
★묻다	물어야	재미있다	재미있어야
★다르다	달라야	외우다	외워야
★바쁘다	바빠야	★걷다	걸어야

2. 1) 만들어야 2) 알아야 3) 쉬어야 4) 서둘러야

3. 1) 업무가 다 끝나야 2) 걸어야
   3) 메모를 잘 해 놓아야 4) 시험을 잘 봐야

말하기와 듣기 p. 119

1. 1) 많잖아요
   2) 학교에 가야
   3) 설치해 보세요

2. 1) 요리를 배웁니다.
   2) ① O ② X ③ X

읽기 p. 120

1. 1) X 2) O 3) X

2. 1) 안전 문제를 이야기하고 있습니다.
   2) ②

쓰기 p. 121

1) 검색하고
2) 눈이 아플
3) 자세가
4) 잠을 잘 못 잘
5) 사용 시간
6) 스마트폰을 끄

15 고민과 상담

어휘 p. 122

1. 1) 불면증   2) 진로   3) 학부모 모임
4) 성격   5) 제자리걸음

2. 1) ①   2) ②   3) ①   4) ②   5) ②

3. 1) ③, 골치가 아프다
2) ①, 눈앞이 캄캄할
3) ④, 속이 타는
4) ②, 발을 못 뻗고 잔다

4. 1) 일정하지   2) 병행하는
3) 털어 버리고   4) 되풀이하지
5) 덜었다(더셨다)

문법 p. 124

동-으려던 참이다

1.

기본형	-으려던 참이다/ 려던 참이다	기본형	-으려던 참이다/ 려던 참이다
나가다	나가려던 참이다	(상담을) 받다	(상담을) 받으려던 참이다
마시다	마시려던 참이다	먹다	먹으려던 참이다
(도움을) 청하다	(도움을) 청하려던 참이다	입다	입으려던 참이다
만들다	만들려던 참이다	시작하다	시작하려던 참이다
★돕다	도우려던 참이다	★듣다	들으려던 참이다

2. 1) ③   2) ①   3) ④   4) ②

3. 1) 연락해 보려던 참이었어요(참이에요)
2) 상담을 받아 보려던 참이었어요(참이에요)
3) 버스에서 내리려던 참이었어요(참이에요)
4) 마시려던 참이었는데(참인데)

동-자마자

1. 1) 대학교를 졸업하자마자
2) 첫 월급을 받자마자
3) 끓이자마자

4) 침대에 눕자마자

2. 1) ②   2) ③   3) ④   4) ①

3. 1) 회사에 출근하자마자
2) 아침에 일어나자마자
3) 담그자마자
4) 문을 열자마자

말하기와 듣기 p. 127

1. 1) 잠깐 쉬려던 참이었어요
2) 끝나자마자
3) 안 늘어서 고민이에요

2. 1) 오후 아르바이트를 찾으려고 합니다.
2) ① O   ② X   ③ O

읽기 p. 128

1. ① O   ② X   ③ O

2. 1) 웬티항 씨가 행복 상담 센터장에게 보내는
이메일입니다.
2) ②

쓰기 p. 129

1) 질문을 하는
2) 나이
3) 가족 관계
4) 한국 친구에게 물어보았다
5) 이해하려고 노력하는

16 기후와 날씨

어휘 p.130

1. 1) 영하　2) 일교차　3) 외출　4) 확률　5) 마스크

2. 1) ①　　2) ①　　3) ②　　4) ②　　5) ①

3. 1) ④, 가을을 타는
2) ③, 독감에 걸리지
3) ①, 고열이 심했는데
4) ②, 우울한 기분이 들

4. 1) 섭취하는　　　2) 올라갔다
3) 그친 후에　　　4) 떨어진다
5) 나른하고

문법 p.132

동형 -을 텐데

1.

기본형	-을 텐데/ㄹ 텐데	-았을 텐데/었을 텐데
오다	올 텐데	왔을 텐데
그치다	그칠 텐데	그쳤을 텐데
외출하다	외출할 텐데	외출했을 텐데
많다	많을 텐데	많았을 텐데
불편하다	불편할 텐데	불편했을 텐데
쓰다	쓸 텐데	썼을 텐데
★듣다	들을 텐데	들었을 텐데
★알다	알 텐데	알았을 텐데
★어렵다	어려울 텐데	어려웠을 텐데

2. 1) 비가 올 텐데　　2) 바쁘실 텐데
3) 배고플 텐데　　4) 조금 늦게 도착할 텐데

3. 1) 보고 싶을 텐데　　2) 시간이 걸릴 텐데
3) 시험이 어려웠을 텐데　4) 긴장됐을 텐데

동 -어 있다

1.

기본형	-아 있다/어 있다	기본형	-아 있다/어 있다
들어가다	들어가 있다	앉다	앉아 있다
멈추다	멈춰 있다	모이다	모여 있다
놓이다	놓여 있다	열리다	열려 있다
안기다	안겨 있다	닫히다	닫혀 있다
★눕다	누워 있다	꺼지다	꺼져 있다

2. 1) 안겨 있어요　　　2) 붙어 있어요
3) 모여 있어요　　　4) 멈춰 있어서

3. 1) 닫혀 있네요(닫혀 있어요)
2) 꺼져 있어서
3) 떨어져 있네요(떨어져 있어요)
4) 앉아 있어요

말하기와 듣기 p.135

1. 1) 많이 안 올 텐데 괜찮을까요
2) 미세 먼지가 정말 심한 날이에요
3) 휴대 전화가 꺼져 있어서

2. 1) ①
2) ① X　　② O　　③ X

읽기 p.136

1. 1) X　　　2) X　　　3) O

2. 1) 물을 조금씩 입안에 넣고 음식을 씹는 것처럼
천천히 마시는 것이 좋습니다.
2) ③

쓰기 p.137

1) 기온은
2) 얇고 편한 옷이 좋다
3) 비가 오기
4) 비옷, 우산, 겉옷을 준비하는 것이 좋다
5) 감기에 걸리지

말하기와 듣기 지문

1 대인 관계

잠시드(남): 이링 씨는 한국인 친구가 많은 것 같아요. 저는 별로 없는데…….

이 링(여): 저도 처음 한국에 왔을 때는 말도 잘 못하고 해서 사람들하고 어울리는 게 힘들었어요.

잠시드(남): 그런데 어떻게 친구들을 사귀었어요?

이 링(여): 저는 동호회에서 사람들을 많이 만났어요. 동호회에 나가면 취미 생활도 할 수 있고 많은 사람들을 만날 수 있어서 좋은 것 같아요.

잠시드(남): 동호회는 어떻게 찾아요?

이 링(여): 인터넷 카페나 에스엔에스(SNS)에서 찾아보면 돼요.

2 성격

팀장님(남): 이링 씨, 같이 일할 사람을 급하게 구해야 되는데 누구 추천해 줄 사람 있어요?

이 링(여): 얼마 전에 취직하려고 한국에 온 고향 친구가 있어요.

팀장님(남): 아, 그래요? 이링 씨 친구면 믿을 수 있지요.

이 링(여): 외향적이고 다정해서 손님들을 잘 대할 거예요. 고향에서는 백화점에서 일했고요.

팀장님(남): 백화점에서 일했으면 우리 면세점에서도 잘하겠네요.

이 링(여): 네, 덜렁거리지 않고 꼼꼼한 성격이어서 실수 없이 일을 잘할 거예요.

3 지역 복지 서비스

고 천(여): 라흐만 씨, 제가 요즘 취업을 준비하고 있는데, 한국에 와서 어떻게 취업했는지 얘기해 줄 수 있어요?

라흐만(남): 그럼요. 제가 사는 동네에는 외국인을 도와주는 곳이 많아서 매일 상담을 받았어요.

고 천(여): 거기가 어디예요?

라흐만(남): 외국인 근로자 센터나 외국인 복지관 같은 곳이에요. 다문화가족지원센터에서도 구직 상담을 받을 수 있고요.

고 천(여): 아, 우리 동네에서도 본 것 같아요.

라흐만(남): 구직 상담 말고 여러 가지 생활 상담도 받을 수 있고, 한국어나 컴퓨터 같은 것도 무료로 배울 수 있는 곳이 많으니까 알아보세요.

4 교환과 환불

직 원(남): 어서 오세요. 찾는 제품이 있으세요?

안젤라(여): 지난주에 이 가방을 구매했는데 교환이 가능할까요?

직 원(남): 네, 가능합니다. 그런데 제품에 문제가 있나요?

안젤라(여): 아니요. 그냥 조금 더 밝은 색상으로 교환하고 싶어 가지고요.

직 원(남): 구입한 영수증 한번 보여 주세요. 이쪽에 손님에게 어울릴 만한 가방이 다양하게 있으니까 천천히 살펴보세요.

안젤라(여): 노란색 가방이 마음에 드네요. 이걸로 교환해 주세요.

5 소비와 절약

라흐만(남): 오늘 뉴스를 봤는데 요즘 좋은 물건을 싸게 사면서 합리적 소비를 하는 사람들이 늘고 있다고 해요.

히에우(남): 그래요? 어떻게 하면 합리적으로 물건을 살 수 있어요?

라흐만(남): 계절이 지난 이월 상품을 사면 상품 가격이 반값 정도 할인이 된다고 해요. 그리고 물건을 사기 전에 인터넷에서 가격을 비교하거나 여러 사람이 같이 싼 가격으로 공동 구매하는 방법을 활용한다고 해요.

히에우(남): 우와, 반값이나 할인이 되는군요! 비싸서 구매하기 부담스러운 겨울옷을 살 때 이월 상품을 구매하면 싸게 살 수 있겠어요.

라흐만(남): 네. 이렇게 하면 생활비가 절약되어서 좋아요.

6 주거 환경

후엔(여): 고천 씨, 얼마 전에 새로 이사 간 곳은 어때요? 살 만해요?

고천(여): 이사 가기 전에는 근처에 마트나 시장도 많이 없고 학교도 멀어서 교육 환경이 나빴는데 이사 간 곳 근처에 이런 시설들이 많아서 정말 편리해요.

후엔(여): 그렇군요. 그래도 이사 가기 전에는 공기도 맑고 조용했잖아요.

고천(여): 맞아요. 공기도 맑고 집 앞으로 산이 보여서 전망이 정말 좋았죠. 매일 아침 새소리도 들렸어요.

후엔(여): 저는 시끄러운 도시보다는 한적한 곳에서 살고 싶어요. 그래서 매일 남편에게 이사 가자고 해요.

7 문화생활

하 은(여): 성민아, 요즘 문화 행사가 많이 열린다고 하는데 같이 공연 보러 갈까?

김성민(남): 응. 나는 국립 관현악단의 연주회가 보고 싶어. 이번 달에 현대 악기와 전통 악기가 함께 하는 연주회가 열린다고 하는데 정말 신기할 것 같아. 너는 어떤 공연이 보고 싶어?

하 은(여): 나는 난타 공연을 보고 싶어. 명동 소극장에서 난타 공연이 있다는데 누구랑 갈지 고민이야. 같이 보러 갈래?

김성민(남): 나는 작년에 봤는데 기대만큼 정말 재미있었어. 지수가 난타 공연 보고 싶다고 했었는데 지수한테 같이 갈 거냐고 물어봐.

하 은(여): 정말? 그럼 지수한테 연락해 봐야겠다.

8 음식과 요리

애 나(여): 학교 근처에 분식집이 새로 생겼는데 같이 가 볼래요?

제이슨(남): 밖에서 먹는 음식보다는 요리해서 먹는 게 더 좋아요. 그 분식집보다 제가 만든 떡볶이가 더 맛있을걸요.

애 나(여): 왜! 제이슨 씨, 한국 음식도 만들 줄 알아요?

제이슨(남): 물론이죠. 요리 방법이 간단해요. 고추장, 간장, 설탕으로 양념을 만들고 프라이팬에 떡, 어묵, 파, 삶은 달걀을 넣고 끓이기만 하면 돼요.

애 나(여): 생각만 해도 군침이 도네요!

제이슨(남): 다음에 기회가 있으면 우리 반 친구들을 초대해서 만들어 줄게요.

9 고장과 수리

(통화 신호)

라 민(남): 안녕하세요. 아주머니.
저 302호에 사는 라민인데요. 집에 문제가 생겨서 연락 드렸어요.

아주머니(여): 집에요? 무슨 문제가 있어요?

라 민(남): 며칠 전부터 변기에 물이 잘 안 내려갔는데 오늘 결국 막힌 거 같아요.

아주머니(여): 어머, 그래요? 며칠 동안 불편했겠네요. 혹시 펌프질은 해 봤어요?

라 민(남): 네. 계속 해 보고, 하수구 막혔을 때 뚫어 주는 세제도 부어 봤는데 안 돼요.

아주머니(여): 알겠어요. 그럼 빨리 수리하는 곳을 알아보고 고쳐 드릴게요.

10 취업

아나이스(여): 라민 씨, 내일부터 서류 제출 기간인데 이력서를 써 놓았어요?

라 민(남): 네, 이력서는 미리 써 놓았어요. 그런데 자기 소개서는 아직 못 썼어요. 자기 소개서에 어떤 것을 써야 하는지 모르겠어요.

아나이스(여): 자기 소개서에는 왜 그 회사에서 일하고 싶은지, 입사하기 위해서 어떤 노력들을 했는지를 쓰는 게 좋아요.

라 민(남): 아, 그렇군요! 입사 후 계획도 쓰는 것이 좋겠죠?

아나이스(여): 그럼요. 입사 후 자신의 계획이나 마음
　　　　　　 가짐에 대해 적는 것도 좋아요.

라　　민(남): 네. 아나이스 씨가 말해 준 걸 생각해서 잘
　　　　　　 써 볼게요. 고마워요.

11　부동산

라흐만(남): 안젤라 씨, 어제 이사했지요? 새로 이사 간
　　　　　　 집은 어때요?

안젤라(여): 네, 어제 너무 힘들었어요. 이사한 집은 방이
　　　　　　 넓은 데다가 깨끗해서 마음에 들어요.

라흐만(남): 그런데 왜 갑자기 이사를 한 거예요?

안젤라(여): 보일러가 자주 고장 나서 난방이 잘 안 됐어요.

라흐만(남): 겨울철에 난방이 안 돼서 고생이 많았겠어요.

안젤라(여): 네, 밤에는 너무 추웠어요. 그런데 이번에
　　　　　　 이사한 집은 새집이라서 난방이 잘돼서 정말
　　　　　　 좋아요.

12　전통 명절

제이슨(남): 선생님, 동지가 일 년 중에 밤이 가장 긴 날
　　　　　　 맞지요?

선생님(여): 맞아요. 이날은 팥죽을 먹는 풍습이 있어요.

제이슨(남): 그런데 동지에 왜 팥죽을 먹어요?

선생님(여): 한국에서 붉은색은 나쁜 기운을 쫓아 준다는
　　　　　　 의미가 있어요. 그래서 팥죽을 먹으면 나쁜
　　　　　　 것들을 막아 준다고 생각해요. 제이슨 씨는
　　　　　　 팥죽을 좋아해요?

제이슨(남): 네, 좋아해요. 한국에 처음 왔을 때는 팥을
　　　　　　 싫어했는데 먹다 보니 잘 먹게 됐어요.

13　직장 생활

이링(여): 양양 씨, 무슨 고민이 있어요?

양양(남): 네, 회사 업무를 파악해 가고 있는데 쓰는
　　　　　 단어도 어색하고 업무가 아직 헷갈려요.

이링(여): 처음에는 누구에게나 회사 일이 쉽지 않아요.
　　　　　 매일 업무 일지를 써 보는 게 어때요?

양양(남): 업무 일지요? 좋은 방법 같아요! 지시 사항이나

한 일 등을 적어 봐야겠어요.

이링(여): 네. 저도 회사에 들어온 지 얼마 안 됐을 때
　　　　　 업무 일지를 써서 큰 도움이 됐어요. 그리고
　　　　　 모르는 것이 있으면 언제든지 물어보세요.

14　인터넷과 스마트폰

후엔(여): 고천 씨는 유튜브 영상을 봐요?

고천(여): 네, 저는 애완동물이 나오는 걸 자주 봐요.
　　　　　 강아지나 고양이가 너무 귀엽잖아요.

후엔(여): 저도 귀여운 동물 영상을 자주 봐요. 그리고
　　　　　 요리 영상도 좋아하는 편이에요.

고천(여): 그래요? 영상을 보고 나서 요리를 직접 해
　　　　　 봐요?

후엔(여): 그럼요. 직접 만들어 봐야 만드는 법을 알 수
　　　　　 있어요. 안 그러면 바로 잊어버려요.

15　고민과 상담

고　천(여): 혹시 오후 시간에 할 수 있는 아르바이트가
　　　　　　 있을까요?

상담사(남): 어떤 일을 찾고 계세요?

고　천(여): 저는 식당하고 마트에서 일한 적이 있어요.
　　　　　　 비슷한 아르바이트가 있으면 좋을 것 같아요.

상담사(남): 잠시만요.
　　　　　　 (자료를 살펴본 후) 마침 우리 센터 식당에서
　　　　　　 아르바이트할 사람을 찾고 있네요.

고　천(여): 그래요? 그럼 거기에 지원해 보고 싶어요.
　　　　　　 무엇을 준비하면 돼요?

상담사(남): 여기에 제출 서류 안내문이 있어요. 잘 읽고
　　　　　　 한번 지원해 보세요.

고　천(여): 네, 감사합니다.

16　기후와 날씨

제 이 슨(남): 아나이스 씨, 요즘은 낮에 기온이 너무
　　　　　　　 올라서 완전히 여름이 된 것 같아요.

아나이스(여): 그래도 아침저녁에는 날씨가 아직
　　　　　　　 쌀쌀하지요?

제 이 슨(남): 맞아요. 이렇게 일교차가 심할 때는 감기에
　　　　　　걸리기 쉬우니까 조심해야 돼요.
　　　　　　옷차림도 신경 써야 하고요.
아나이스(여): 네. 그래서 제 가방에는 언제나 겉옷이
　　　　　　하나 들어 있어요.
제 이 슨(남): 좋은 생각이네요. 저도 겉옷을 가지고
　　　　　　다녀야겠어요.